基于商业银行信用风险的金融业税收征管研究

◆任俊宇 著

吉林大学出版社

·长 春·

图书在版编目(CIP)数据

基于商业银行信用风险的金融业税收征管研究 /任俊宇著. --长春：吉林大学出版社，2024.11.
ISBN 978-7-5768-4584-6

Ⅰ.F830.33

中国国家版本馆 CIP 数据核字第 2025VQ3941 号

书　　名：基于商业银行信用风险的金融业税收征管研究
JIYU SHANGYE YINHANG XINYONG FENGXIAN DE JINRONGYE
SHUISHOU ZHENGGUAN YANJIU

作　　者：任俊宇
策划编辑：黄国彬
责任编辑：李国宏
责任校对：单海霞
装帧设计：卓　群
出版发行：吉林大学出版社
社　　址：长春市人民大街 4059 号
邮政编码：130021
发行电话：0431－89580036/58
网　　址：http：//www.jlup.com.cn
电子邮箱：jldxcbs@sina.com
印　　刷：天津鑫恒彩印刷有限公司
开　　本：787mm×1092mm　1/16
印　　张：9.5
字　　数：180 千字
版　　次：2025 年 3 月　第 1 版
印　　次：2025 年 3 月　第 1 次
书　　号：ISBN 978-7-5768-4584-6
定　　价：48.00 元

版权所有　翻印必究

前 言

随着经济结构发生根本性变化,金融改革和金融创新不断推进,利率市场化进程加快,互联网金融不断涌现,市场各主体之间的联系越来越紧密,竞争也日趋激烈。2008年金融危机席卷全球,金融市场发生了剧烈波动,我国政府4万亿救市,全球金融危机虽未对我国的金融市场造成很严重的影响,但也使人们深刻地意识到银行业信用风险与金融系统乃至国家经济运行之间的相互作用,银行业信用风险的影响不容小觑。通常,监管单位用不良贷款率来衡量商业银行的信用风险,但由于商业银行公布的不良贷款率是其进行处置后的数值,有很多学者对于这一指标的真实性和监管的有效性提出过质疑,然而却鲜少有人提出对这一信用风险衡量指标进行改进的方法。因此,对不良贷款率这一指标进行改良以优化银行信用风险评价体系具有重要的理论价值和现实意义。

本书是对前人的研究成果进行继承和发展,结合中国特有的贷款迁徙率指标构建了处置前不良贷款率并计算其数值。为了对处置前不良贷款率这个指标的优势进行探讨,本书通过对理论进行研究得出商业银行信用风险和倒闭风险、信用风险和银行效率的关系后,分别用处置前不良贷款率和处置后不良贷款率作为单个信用风险衡量指标与银行倒闭风险、效率来进行回归,并用信息经济学理论、行为金融学理论、博弈论等理论对回归结果和存在差异的原因进行分析。通过实证检验,相比处置后不良贷款率,处置前不良贷款率作为单个信用风险评价指标确实对银行倒闭风险和 X 效率的影响更大。这就从单个指标的角度,初步验证使用处置前不良贷款率进行信用风险评价的可行性和必要性。

基于国内外银行业监管单位以及各大信用评级公司对银行信用风险的评价指标体系，结合我国银行业的实际发展情况，本书筛选并建立了银行信用风险评价指标体系。为了进一步从指标体系的角度验证采用处置前不良贷款率进行信用风险评价的必要性，本书分别将处置前不良贷款率和处置后不良贷款率纳入信用风险评价指标体系，并采用熵权-TOPSIS法对银行信用风险状况进行评价和比较。结果表明，将处置前不良贷款率和处置后不良贷款率分别纳入信用风险评价指标体系之中，对于大多数银行而言，用含有处置后不良贷款率的指标体系进行评价的结果要优于用含有处置前不良贷款率的指标体系进行评价的结果。这就从指标体系的角度，进一步验证了用处置前不良贷款率进行信用风险评价的可行性和必要性。

为了使以处置前不良贷款率为中心的指标体系能够为税务部门、监管单位和商业银行更高效地利用，本书还进一步根据贷款勉强理论、金融脆弱性理论等理论对处置前不良贷款率的影响因子进行探究。研究主要结论如下：处置前不良贷款率的大小受到银行规模、多元化水平、成本收入比以及高学历员工人数等的影响，与多元化水平正相关，与银行规模、成本收入比、高学历员工人数负相关。

加强商业银行的信用风险管理是一个系统化的工程，这既要求监管单位对银行信用风险进行更加严格的监管也要求商业银行对自身进行更严格的信用风险管理。税务部门应该要求商业银行进一步完善商业银行信息披露制度、完善银行信用风险内部评价体系，监管单位也应该结合当前经济形势对银行信用风险进行监管。商业银行自身应该完善信用风险管理体制、重视内部信用文化建设、加强人才队伍建设。

任俊宇
2024 年 9 月 10 日

目录

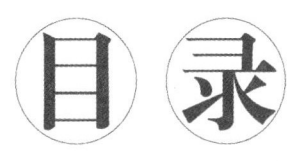

第1章 绪 论 …………………………………………………………（1）
  1.1 研究背景及意义 ……………………………………………（1）
    1.1.1 研究背景 ……………………………………………（1）
    1.1.2 研究意义 ……………………………………………（4）
  1.2 国内外研究现状 ……………………………………………（6）
    1.2.1 国内研究现状 ………………………………………（6）
    1.2.2 国外研究现状 ………………………………………（11）
    1.2.3 文献评述 ……………………………………………（14）
  1.3 主要研究问题和研究目的 …………………………………（15）
  1.4 本书创新点与不足点 ………………………………………（16）
    1.4.1 研究创新点 …………………………………………（16）
    1.4.2 研究不足点 …………………………………………（17）
  1.5 研究内容、方法及技术路线 ………………………………（17）
    1.5.1 研究内容 ……………………………………………（17）
    1.5.2 研究方法 ……………………………………………（19）
    1.5.3 技术路线 ……………………………………………（19）

第2章 商业银行信用风险一般理论分析 ……………………………（21）
  2.1 银行信用风险基本理论 ……………………………………（21）

2.1.1　银行信用风险内涵 …………………………………… (21)
　　2.1.2　银行信用风险特征 …………………………………… (21)
　　2.1.3　银行信用风险成因及其影响 ………………………… (23)
　2.2　我国银行信用风险现状分析 ………………………………… (27)
　　2.2.1　不良贷款额和不良贷款率"双增" …………………… (27)
　　2.2.2　商业银行贷款在行业内高度集中 …………………… (28)
　　2.2.3　信贷潜在风险不断加大 ……………………………… (29)
　2.3　银行信用风险评价指标体系 ………………………………… (30)
　　2.3.1　商业银行风险监管核心指标 ………………………… (30)
　　2.3.2　CAMELS骆驼评级体系 ……………………………… (31)
　　2.3.3　各信用评级公司评价体系 …………………………… (32)
　　2.3.4　信用风险评价指标归纳 ……………………………… (33)

第3章　信用风险评价指标创新 ……………………………………… (35)
　3.1　贷款迁徙率 …………………………………………………… (35)
　3.2　商业银行不良贷款的处置方式 ……………………………… (37)
　　3.2.1　传统不良贷款的处置方式 …………………………… (37)
　　3.2.2　非常规不良贷款处置方式 …………………………… (38)
　3.3　处置前不良贷款率的计算 …………………………………… (39)
　3.4　处置前不良贷款率的特点 …………………………………… (41)
　　3.4.1　非公开性 ……………………………………………… (41)
　　3.4.2　全面性 ………………………………………………… (41)
　　3.4.3　波动性 ………………………………………………… (42)
　　3.4.4　直观性 ………………………………………………… (42)
　　3.4.5　严格性 ………………………………………………… (42)
　3.5　处置前与后不良贷款率的数值比较 ………………………… (43)

第4章　基于倒闭风险视角的创新指标信用风险评价有效性研究 ……… (45)
　4.1　引言 …………………………………………………………… (45)
　4.2　理论基础及研究假说 ………………………………………… (47)
　4.3　研究设计 ……………………………………………………… (49)

        4.3.1 数据来源 …………………………………………………… (49)
        4.3.2 变量界定和模型设定 ……………………………………… (49)
    4.4 描述性统计 …………………………………………………………… (52)
    4.5 实证结果与分析 ……………………………………………………… (54)
    4.6 稳健性检验 …………………………………………………………… (60)
    4.7 本章小结 ……………………………………………………………… (63)

第5章 基于效率视角的创新指标信用风险评价有效性研究 …………… (65)
    5.1 理论分析 ……………………………………………………………… (65)
        5.1.1 商业银行效率的含义 ……………………………………… (66)
        5.1.2 商业银行效率的分类 ……………………………………… (66)
        5.1.3 X效率测算方法的确定 …………………………………… (67)
        5.1.4 投入产出指标的确定 ……………………………………… (69)
        5.1.5 银行效率测算结果 ………………………………………… (69)
    5.2 理论基础及研究假说 ………………………………………………… (70)
        5.2.1 运气不佳假设 ……………………………………………… (71)
        5.2.2 不良管理假设 ……………………………………………… (71)
        5.2.3 道德风险假设 ……………………………………………… (71)
    5.3 研究设计 ……………………………………………………………… (73)
        5.3.1 数据来源 …………………………………………………… (73)
        5.3.2 变量界定和模型设定 ……………………………………… (73)
    5.4 描述性统计 …………………………………………………………… (76)
    5.5 实证结果与分析 ……………………………………………………… (78)
    5.6 稳健性检验 …………………………………………………………… (82)
    5.7 本章小结 ……………………………………………………………… (86)

第6章 基于指标体系视角的创新指标信用风险评价有效性研究 ……… (88)
    6.1 熵权-TOPSIS法 ……………………………………………………… (88)
        6.1.1 TOPSIS法 ………………………………………………… (88)
        6.1.2 计算权重——熵权 ………………………………………… (91)
    6.2 数据来源与指标赋权 ………………………………………………… (91)

6.2.1 数据来源 …………………………………………… (91)
6.2.2 指标赋权 …………………………………………… (92)
6.3 信用风险评价 ……………………………………………… (96)
6.4 本章小结 ………………………………………………… (101)

第7章 创新指标影响因子研究 …………………………………… (103)
7.1 背景分析 ………………………………………………… (103)
7.2 理论基础和研究假说 ……………………………………… (104)
7.3 研究设计 ………………………………………………… (107)
7.3.1 数据来源 …………………………………………… (107)
7.3.2 变量界定和模型设定 ……………………………… (107)
7.4 描述性统计 ……………………………………………… (110)
7.5 实证结果与分析 ………………………………………… (112)
7.6 稳健性检验 ……………………………………………… (116)
7.6.1 稳健性检验——固定效应模型 …………………… (116)
7.6.2 稳健性检验——动态面板模型 …………………… (118)
7.7 本章小结 ………………………………………………… (121)

第8章 我国银行信用风险管理的建议 …………………………… (124)
8.1 监管单位进行信用风险监管的建议 ……………………… (124)
8.1.1 完善商业银行信息披露制度 ……………………… (124)
8.1.2 完善银行信用风险内部评价体系 ………………… (125)
8.1.3 结合当前经济形势对银行信用风险进行监管 …… (126)
8.2 商业银行进行信用风险管理的建议 ……………………… (127)
8.2.1 完善信用风险管理体制 …………………………… (127)
8.2.2 重视内部信用文化建设 …………………………… (128)
8.2.3 加强人才队伍建设 ………………………………… (129)
8.3 本章小结 ………………………………………………… (130)

参考文献 ……………………………………………………………… (131)

第1章 绪 论

1.1 研究背景及意义

1.1.1 研究背景

如果说金融在现代经济中起核心作用,那么银行则在现代金融中起纽带作用。历史上的金融危机都表明,银行信用风险不仅会对银行的发展产生影响,还会影响到宏观经济的健康运行,更严重的情况甚至会引发社会危机和经济危机。如何对商业银行进行信用风险控制是一个永恒的话题,信用风险管理是商业银行经营成败的关键。

从宏观方面来看,我国经济正处于一个"特殊"时期:经济发展进入"调结构 稳增长"的新常态,其强调结构稳经济,而不是总量经济。相比以往,无论是经济发展速度还是经济发展动力都在悄然发生转变,经济结构也正在作出以增量扩张为主向调整存量、做优增量相结合进行转变的深度调整。与此同时,金融市场化改革逐步深化,利率市场化进程加快,金融机构市场化退出机制更加完善,同业竞争更加激烈。互联网金融创新发展迅速,从2013年起,互联网银行、P2P蓬勃发展,以百度、阿里巴巴、腾讯(BAT)为首的互联网公司也开始布局互联网金融,互联网金融的出现和发展提高了金融效率,促进了金融资产的合理配置，也对中国大型商业银行带来了极大的挑战。

从金融系统的角度来看，商业银行是经营风险的特殊企业，风险对于商业银行来说是一把双刃剑，它既能让银行获利，也能让银行蚀利，银行要获得存贷利差就必须承担一定的风险，例如收不回贷款本息的同时必须按期支付存款资金。中国是一个以间接金融为主的国家，2016年，中国间接融资增量占社会融资规模增量的比重高达85%以上[①]，商业银行贷款是间接融资的重要组成部分，因此，在中国，商业银行风险控制是关乎整个金融系统稳定的大问题。根据全球银行业的调查，信用风险是银行系统性风险的重要组成部分，大约占商业银行风险总量的65%左右。2017年，普华永道最新发布的《2017年上半年中国银行业回顾与展望》中指出，中国整体银行业的信用风险仍未充分暴露。2018年6月28日，中国银行国际金融研究所发布了《2018年三季度经济金融展望报告》[②]，课题组专家认为，我国银行业经营发展会呈现四大特征：业务增速将处于低位；但盈利效率持续改善；信用风险压力加大；抗风险能力有望夯实。因此，如何更好地对商业银行的信用风险进行更有效的监督和管理，仍是一个迫待解决的难题。

从银行业的角度看，受国家产业政策和内外部经济金融环境的影响，不良贷款余额和不良贷款率呈"双升"趋势，信用风险加剧。2008年金融危机席卷全球，中国政府4万亿救市，在当时维护了金融系统的稳定，也给未来埋下了一些风险隐患。如表1.1所示，从2012年起，中国银行业不良贷款率持续上升，2017年，银行业不良贷款率为1.74%，较2012年上涨83%，不良贷款余额为16 704亿元，为2012年不良贷款余额的3.38倍。

---

① 由中国银行业监督管理委员会公布数据计算得到。计算公式为：(人民币贷款＋外币贷款＋委托贷款＋信托贷款)/社会融资规模。

② 详见中国银行官方网站：http://www.boc.cn/fimarkets/summarize/201806/t20180628_12689299.html。

第 1 章 绪 论

表 1.1 2010—2017 年银行业不良贷款余额与不良贷款率①

年份	不良贷款余额/亿元	不良贷款率/%
2008	5 602	2.42
2009	4 973	1.58
2010	4 336	1.10
2011	4 279	1.00
2012	4 929	0.95
2013	5 921	1.00
2014	8 426	1.25
2015	12 744	1.67
2016	14 939	1.76
2017	16 704	1.74

表 1.1 的数据还仅仅只是银行公布的不良贷款和不良贷款率。2015 年，波士顿咨询公司估计我国银行业不良资产在 9 万亿至 11 万亿元的规模，中信里昂证券曾测算，截至 2015 年 6 月我国银行业的不良贷款率约为 8%。莫开伟[1]认为商业银行受外部监管、内部绩效考核、行业经营竞争压力的"三重影响"，通常会通过处置、借款合同要素的调整、展期、重组甚至借新还旧等方式来"美化"其报表，银行若长此以往，不仅没有将风险隐患去除，反而还会使得风险不断在时间上向后累积，导致监管政策严重缺乏针对性和及时性，使商业银行的信用风险越垒越高。Avery 等人[2]也认为不良贷款是事后存量指标，只能反映银行资产质量的某一方面，不能详尽地体现银行的风险。

2014 年中国财政部公布《金融企业呆账处置管理办法》，进一步放宽了不良贷款处置管制，使得金融机构有更多的操作空间，同时也缩短了发生破产或清算后银行处置不良贷款的等待期。因此，表 1.1 中银行公布的不良贷款可能并不能充分衡量商业银行的信用风险。在这样的情况下，如何对真正的不良贷款进行识别并采取相应的措施进行风险管理显得尤为重要。

---

① 表 1.1 中不良贷款额和不良贷款率数据均来自同花顺 IFIND 数据库。

处置前的不良贷款率不仅直观反映了一个银行的贷款质量，也是一个银行管理水平的综合体现，但是，处置前不良贷款数据并没有向大众公布，同时，由于大多数银行没有公布其处置金额，处置前不良贷款的计算也几乎不可能。然而，2005年10月，中国银保监会（原中国银监会）在印发的《商业银行风险监管核心指标（试行）》中提出了"风险迁徙"的概念。受监管要求，各上市银行也开始陆续公布银行的正常类贷款迁徙率、关注类贷款迁徙率等数据。这一指标的公布，使处置前不良贷款率的计算成为可能。

1.1.2 研究意义

本书利用中国独有的贷款迁徙率这一指标估计商业银行处置前不良贷款率，而后将处置前不良贷款率和处置后不良贷款率[①]作为单个信用风险评价指标研究二者在银行信用风险评价中的差异，然后将处置前不良贷款率和处置后不良贷款率分别纳入信用风险评价指标体系中，并将这两种含有不同不良贷款率的评价体系的评价结果进行对比，最后实证分析处置前不良贷款率的影响因子，具有重大的理论意义和现实意义。

1. 理论意义

本研究的理论意义主要体现在以下三个方面：

①为贷款迁徙率这一指标在实证上的运用提供了一个方向。2005年，银行业监督管理委员会提出了风险迁徙的概念，但是没有对风险迁徙指标提出相应的监管要求。目前，学者们对于贷款迁徙率的讨论仅限于定性分析，没有定量研究。本书的研究将结合不良贷款率和贷款迁徙率计算出处置前不良贷款率并对其进行实证研究，进而验证处置前不良贷款率在信用风险评价方面的有效性和优势，给贷款迁徙率这一指标的监管和运用提供新的视角。

②为处置前不良贷款率的计算提供了一个思路。很多学者、业者都曾对银行公布的不良贷款率提出过质疑，但是由于商业银行出于自身发展考虑不会公布不良贷款的处置金额，处置前不良贷款率的计算也无法顺利进行。本

---

① 本书中，为了与处置前不良贷款率相对应，称商业银行报表中公布的不良贷款率为处置后不良贷款率。

研究利用不良贷款率和贷款迁徙率两个指标，逆向思维，提出处置前不良贷款率的计算方法，并估计其数值，为以后更进一步研究商业银行的信用风险提供了可能性。

③有助于丰富银行信用风险评价理论。近年来，商业银行不良贷款余额和不良贷款率出现"双升"的局面，这种局面无论对商业银行自身信用风险管理还是监管者对商业银行的信用风险监管都提出了更高的要求。本研究创新性地基于处置前不良贷款率这个视角来对银行信用风险评价进行创新，丰富了银行信用风险评价理论。

2. 现实意义

现实层面，本研究的意义主要体现在：

①有助于监管部门更好地对商业银行的信用风险进行监管。对银行信用风险进行监管的主要目的在于保障商业银行的经营安全，维护国家金融体系的稳定，支持国民经济持续健康的发展，简单来说就是监管银行的倒闭风险和经营效率。因此，本书从倒闭风险和银行效率两个角度分析了处置前不良贷款率对银行信用风险评价的有效性。本书首先研究了处置前不良贷款率、处置后不良贷款率分别作为信用风险评价指标与商业银行倒闭风险的关系，继而又研究了处置前不良贷款率、处置后不良贷款率分别作为信用风险评价指标与商业银行效率的关系，然后将处置前不良贷款率和处置后不良贷款率分别纳入到目前比较公认的信用风险评价指标体系中，比较其评价结果的差异。在得出了处置前不良贷款率较处置后不良贷款率更适合作为信用风险评价指标的结论后，本书还对商业银行处置前不良贷款率的影响因子进行了研究。本研究有利于监管当局多角度、多维度地对商业银行的信用风险进行预判和监管，进而对可能由银行信用风险引发的金融业系统性风险采取更有效的措施来预防和控制，妥善协调好微观审慎监管与宏观审慎监管之间的矛盾。

②有利于存款者更准确地了解各银行的风险控制水平和管理水平。对于一个商业银行来说，不良贷款率的高低不仅仅体现其资产质量的好坏，更综合反映其管理水平。银行的存款者就是银行的投资人，银行信用风险管理水平的好坏不仅仅关系到银行自身，更关乎存款者的合理投资选择和实际的投资收益，本研究将给存款者提供一个判断银行信用风险优劣的新视角，让其

能更准确地了解各个银行,然后做出合理的投资决策。

③ 有利于商业银行更好地进行信用风险管理,切实提高自身信贷水平。过去,应对监管单位对不良贷款率的监管,商业银行可以通过各种处置手段来降低报表上公布的不良贷款率。然而,商业银行处置前不良贷款不仅包含了报表上公布的不良贷款,还包含了商业银行处置的那部分不良贷款。因此,用处置前不良贷款率来评价银行信用风险,实际上是对商业银行信用风险管理提出了更高的要求。

1.2 国内外研究现状

1.2.1 国内研究现状

随着金融创新的不断推进,金融改革的不断深化,竞争日趋激烈,国内越来越多的学者对银行信用风险进行研究。这些研究主要集中在对信用风险度量的研究、信用风险影响的研究、信用风险影响因子的研究、信用风险监管现状及对策研究等。对信用风险度量的研究,信用风险影响及影响因子的研究主要以定量分析为主,而对信用风险监管方面的研究则以定性分析为主。

1.2.1.1 银行信用风险度量研究

在对银行信用风险度量上,有些学者用单个指标进行信用风险的度量,有些学者用指标体系通过模型对银行信用风险进行度量。

用指标进行信用风险度量的研究方面,于立勇[3],管杜鹃[4]等用信用风险度来度量银行的信用风险,但大多数学者,如梁秋霞[5]、舒洛建[6]、梁秀霞[7]等都直接将不良贷款率作为银行信用风险的代表来对银行信用风险进行研究。熊利平等[8]对不良贷款率进行了改进,提出隐含不良贷款率的概念,并验证了这个指标在度量信用风险的可行性。

国内也有很多学者用模型来对商业银行的信用风险进行研究,这类研究主要有两个角度。第一,用 KMV 模型、logit 模型、CreditMetrics 模型、

Creditrisk$^+$ 模型等通过对贷款对象的财务指标进行评价来评价银行信用风险。第二，通过用多属性 TOPSIS 法、层次分析法、主成分分析法等对商业银行自身财务指标进行分析从而对商业银行的信用风险进行评价。

目前，国内对于 KMV 模型的实证研究主要分为两类。一类是将国内的样本数据用不修正的 KMV 模型直接进行验证[9-10]；另一类是先将 KMV 模型进行修正，然后再用国内数据来验证。例如，王建稳等[11]改进了 KMV 框架下股权价值这一指标的计算方式。对 logit 模型的研究方面，宋遂周等[12]用主成分分析法来构造 logit 模型中的变量；张颖等[13]将 logit 模型和因子分析相结合，产生了一定的效果。对 CreditMetrics 模型研究方面，汪文渊等[14]运用随机模拟这一验证方法来估计转移概率，并采用误差分析的方法将样本容量加以确定。彭书杰等[15]对信用风险模型进行了综述，将 Creditrisk$^+$ 模型与 LGD 度量方法、违约相关系数模型等进行了比较分析。然而曹道胜等[16]通过分析指出 KMV 模型虽然在对我国银行信用风险识别有一定的实用性，但是也存在一定的缺陷，他还指出由于用 Creditrisk$^+$ 模型对银行信用风险进行评价每笔贷款必须独立而且违约概率很小，且各种贷款组合的违约概率分布必须要求符合泊松分布。这些假设对于我国商业银行的贷款来说并不成立，所以，Creditrisk$^+$ 模型在我国不具有适用性。

TOPSIS 法的全称是"逼近于理想值的排序方法"，该方法常用来解决多目标决策中的方案优选问题，其基本原理大致分为五个步骤：一是将所有的指标进行标准化处理；二是结合权重矩阵得到加权判断矩阵；三是利用加权判断矩阵得出各目标的正负理想值；四是根据正负理想值计算欧式距离；五是计算相对贴近度，并将相对贴近度进行排序得出最终的评价结果。管述学[17]基于信息熵的思想，将 TOPSIS 法进行了改进，建立了熵权－TOPSIS 模型对银行的信用风险进行评估，并证明了这种方法在该领域的应用价值。沈华[18]利用熵权法和 TOPSIS 法对我国 16 家上市商业银行的收益质量进行了评价。邬文帅等[19]，吕品[20]也都基于 TOPSIS 法对商业银行的信用风险进行过评价。

层次分析法是比较主观的信用风险评价方法，其主要是通过专家问卷的方式来确定各指标的权重。王军栋[21]引入层次分析法对小额贷款的信用风险进行评估，焦鹏飞等[22]基于层次分析法对商业银行个人住房贷款的信用风险进行了评估。另外，刘杰[23]运用主成分分析法对我国银行信用风险进行评估。

1.2.1.2 信用风险影响研究

白雪梅等[24]认为信用风险和成本效率呈负相关关系；徐辉等[25]以1999—2010年12家商业银行作为样本研究了商业银行成本效率与信用风险的动态效应，发现资产规模、权益和银行成本效率之间没有显著的相关关系，信用风险与成本效率负相关。周丽莉等[26]指出由于监管的低效和信息不对称，导致的信用风险转移使风险不集中、缺乏透明性、风险定价不准确等，这些问题将不利于金融系统的稳定。管征等[27]用2011—2015年全国银行作为样本探究当商业银行面临信用风险时是会增加安全资产配比还是用更高的净息差来弥补不良贷款可能造成的损失，结果表明，商业银行在实际业务中会采取风险溢价来弥补信用风险，即信用风险增加，银行净息差显著提高。彭建刚等[28]也得出了不良贷款在上升时，银行为了提高绩效，会通过选择高风险高利率的项目，获得更大的利率差的结论。刘莉亚等[29]、赵旭[30]、熊启跃等[31]也将信用风险作为影响银行净息差的一个微观因子进行过研究。

1.2.1.3 对于信用风险影响因子的研究

索有[32]利用动态面板模型对上市银行信用风险的影响因子进行研究，结果表明，宏观经济因素会对我国上市银行的信用风险水平产生影响。同时，资本充足率、多元化水平、银行效率、所有权结构等银行特征因素也会对上市银行信用风险水平产生显著的影响。王震蕾等[33]以金融机构不良贷款为研究对象，认为银行贷款管理能力的强弱与不良贷款的多寡呈负相关关系，另外，宏观经济上行时，不良贷款下降。梁秋霞[5]认为不良贷款是商业银行信贷风险的恶性或消极产物，她认为商业银行不良贷款会受到制度性、政策性、经济发展和银行自身因素的影响。韩笑等[34]建立模型，并通过脉冲响应分析了宏观经济指标对信用风险的影响，结果表明信用风险与货币供应量、社会消费品零售总额呈负的相关关系，与贷款总额正相关，而GDP和财政支出对信用风险的影响长短期不一致。舒洛建[6]对我国中小商业银行的信用风险进行研究，结果表明，利率市场化程度每增加1%，中小商业银行的不良贷款率就会下降将近12.44%。梁秀霞[7]以2011—2015年16家上市银行作为研究样本，认为商业银行的性质、股权制衡度等与商业银行的信用风险显著相关。中国工商银行环境因素压力测试课题组[35]研究了环境因素对银行信用风险的影响，其结论是银行应该将环境压力测试纳入其信用风险评价体系中。

1.2.1.4 银行信用风险监管研究

1. 我国信用风险监管现状研究

很多学者指出了我国信用风险管理中的问题，并认为银行信用风险管理水平的加强有重要意义。卞志宏[36]指出我国现有信用风险管理的加强不但利于自身经营安全的保障，还可稳定国家的金融体系，对健康持续地发展国民经济有着十分重要的意义。他认为完善信用风险的监管应该提高信用风险的度量及管理技术水平。卞姗姗[37]指出了银行信息披露的不足，认为其数量和质量都不能满足市场的需求，而导致这种不足的原因主要是对衡量风险方面的技术方法以及对会计信息的真实性和完备性的缺乏。熊利平等[8]首先指出将每笔贷款进行五级分类这种方式的主观性很强，他还认为当前对银行信用风险进行评估的方法各有优缺点，有些技术方法很复杂，操作性不强，直观性不强，很难直接对信用风险进行评价，而有些评价方法缺乏理论基础，不能很有说服力地评价商业银行的信用风险。他在文中采用了隐含不良贷款率的概念，这个概念最早是由高盛公司[38]和IMF[39]提出，后来高华证券[40]对中国上市公司的隐含不良贷款率进行了持续的追踪。他们计算了国际国内上市非金融企业隐含的不良贷款率，并将其与传统的不良贷款率在数值方面、趋势方面、波动方面进行比较分析，指出利用各企业隐含的不良贷款率这个指标会能够很好地预判银行的信用风险。彭建刚[28]指出不良资产具有累积性，并会随着前期信用风险的累积而表现出来。商业银行在面临绩效考核压力的情况下，可能会选择回报更高的项目尽管可能会承担更高的信用风险，长此以往，形成恶性循环。马喜立[42]指出从2011年开始，无论是不良贷款率还是不良贷款额都在持续上涨。特别是2015年之后，不良贷款率上涨的速度较以前更快。他指出在经济下行的时期，五级贷款中处在正常贷款和不良贷款之前的关注类贷款更有可能转变为不良贷款，商业银行应该引起高度的重视。

2. 我国银行信用风险监管对策研究

国内很多学者就银行信用风险从理论上进行了风险研究，并就如何改进信用风险监管体系提出了建议。陈蕾[43]指出建立有效的银行信用风险监管体系需要实现监管重心的专业人员，需要完善和改进监管手段，需要维护信用秩序，改善监管环境。董裕平等[44]认为金融监管的目的之一就是保护投资者的利益，监管单位选择用评级单位的结果来进行监管有利于市场稳健，但是过度依赖评级机构也蕴藏着巨大的风险。卢恒[45]分析了我国信用风险监管中存在监管制度不健全，监管责任落实不到位、信用风险预警机制操作有效性不强的问题，并提出了加强信用风险监管的可行性方案，他指出应该创造良好的信用风险监管环境、健全银行内部风险控制体系，实现银行内外部风险监管的协调。赵方方[46]认为对商业银行加强政府监管力度应该加速银信合作产品由表外登记转向表内，进一步完善相关的统计制度，应该在风险可控的基础上进行金融创新，盲目创新会增加市场压力。王静[47]指出信用问题已是制约我国商业银行发展的主要瓶颈，其从商业银行信息系统建设、组织管理体系建设、信用管理文化建设、外部监管、社会信用体制等角度对我国信用风险管理和监管的现状进行了分析，并阐述了加强信用风险管理和监管的措施。周国和[48]认为在新经济时代，需要建立和完善信用监管体系，鼓励我国信用评级机构参与国际信用评级市场的竞争。王刚[49]认为我国商业银行进行信用风险管理应该加强建设宏观信用环境、不断完善监管体系、充分发挥信用评级等中介机构的服务作用、建立有效的内部风险管理体系。张苏彤等[50]提出要对我国商业银行的信用风险披露进行改进，增强银行信用风险信息的可比性。

另一些学者和课题组根据我国商业银行的现实情况，对建立银行信用风险评价体系和预警体系进行了探讨。王健等[51]遵循CAMEL评价体系，从资本充足率、盈利能力、成长性、流动性、管理水平、资产质量六个角度选取了16个指标并运用因子分析法构建了对银行进行信用风险评价的指标体系。山东银监局信用风险预警研究课题组[52]基于监管视角辨析了对银行进行信用风险预警的特殊性和必要性，确定了信用风险预警的实现路径。中国银监会风险早期预警综合系统课题组[53]提出了构建中国单体银行风险早期预警体系的原则、指标体系，并对研究结果进行了有效性检验。中国银行股份有限公司天津市分行课题组也就构建商业银行信贷资产风险监管预警体系进行了探讨，他们认为除了对银行客户要进行监控预警外，还要对行业和预期进行监控预警。

3. 结合《巴塞尔协议》对信用风险管理的研究

很多学者结合《巴塞尔协议》对银行信用风险管理理论进行研究。章彰[54]通过对《巴塞尔协议》进行研究，阐述了信用风险管理方面的技术路线与制度。巴曙松[55]深入探讨了《巴塞尔协议》的技术细节、实施条件以及该协议的实施会对银行业未来产生的影响等。赵先信[56]对《巴塞尔协议》中提到的内部评级法进行了总结，详细阐述和说明了银行信用风险以及其他风险的监管模型。武剑[57]从理论和技术的层面对《巴塞尔协议》中提到的内部评级法的非预期损失、违约损失率等要素进行了大量的探讨。巴曙松[58]分析了实施《巴塞尔协议Ⅲ》对我国银行业的影响，并指出要使用内部信用风险评价模型为实施新协议做准备。丁湘[59]对新《巴塞尔协议》下我国信用风险管理提出了对策，他指出要制定严格的数据标准及数据质量管理规范，删除虚假信息和无用信息。刘展[60]指出在《巴塞尔新资本协议》信用风险内部评级法下，商业银行进行监管资本套利具有可行性。

1.2.2 国外研究现状

1.2.2.1 信用风险度量的研究

从20世纪60年代开始，国外学者就开始研究信用风险的度量问题，总体来说，国外的信用风险度量经历了从指标度量阶段到人工智能度量阶段再到组合信用风险度量模型度量阶段的转变。

第一阶段是指标度量阶段，很多学者通过线性回归方式证明了单个或多个指标对于公司违约风险的预判能力。Beaver[61]选择了30个财务指标，利用79家正常公司和79家发生过违约的公司为样本，证明了现金流与总负债的比、净收入与总资产的比具有很好的违约风险预测的能力。Altman[62]采用元多判别法提出了 Z 评分模型，当 Z 小于等于2.675时，该公司就被归为破产类，如果公司的 Z 大于2.675，即为非破产类。随后，Altmen将 Z 评分模型进行扩展，建立了ZETA模型。还有一些学者用非线性回归分析了单个或多个指标对于公司违约风险的预判能力。Ohlson[63]选取了破产和非破产公司作为样本，使用 logit 模型进行比较分析，发现资本结构、公司规模等会对公司的倒闭概率产生显著的影响。Zmijewski[64]采用 Probit 模型对破产概率进行预测，发现存在样本选择带来的模型偏差，但不影响统计参数和模型预测精度。

第二阶段是人工智能阶段。人工智能应用在信用风险计量，最典型的是人工神经网络模型(ANN)和支持向量机模型(SVM)。Messier 等[65]在财务危机预警系统中引入了专家系统，Varetto[66]证明了专家系统在提高企业违约判别能力上的优势。Altman[67]用神经网络模型来预测破产概率，Trippi 等[68]将神经网络模型拓展到银行信用风险预测上。

第三阶段是组合信用风险度量模型阶段。1993 年，KMV 公司在 BSM 模型的基础上，提出了信用监测模型(CMM)，后来 Longstaff 等[69]等学者不断对该模型进行拓展。J. P. Morgan 公司在 1994 年利用 VAR 的思想，提出了 Risk Metrics 模型。1997 年，KMV 公司与 J. P. Morgan 公司联合开发了基于两阶段法的 Credit Metrics 模型来进行信用风险度量。1997 年，波士顿第一银行借鉴了精算的思想，创造性地提出了 Credit Risk$^+$ 模型。1998 年，麦肯锡公司利用动力学的原理，建立了 Credit Portfolio View 模型，分析了宏观经济对借款人信用迁徙的影响。

1.2.2.2 信用风险管理的重要性

Huizinga 等[72]分析了银行信用风险管理受到压倒性关注的两个方面的原因：一方面是认识到信用风险会导致不可挽回的损失，另一方面是商业票据、证券化和其他的非银行竞争产品的发展促使银行去寻找更靠谱的借款者。

Demirguc-Khunt 等[73]提到银行和其他的中介机构会把信用转移给生产者或者是介于生产者和外部投资者中间的人。Louzis 等[74]认为信用风险是监管当局关心的关乎金融稳定和银行管理的很重要的问题。Anastasiou 等[75]也指出银行破产在很多国家都是一个很严肃的问题，因此要充分重视商业银行的信用风险管理。

1.2.2.3 信用风险影响因子

Berger 等[76]用格兰杰因果方法证明了不好的管理水平以及道德风险会对不良贷款产生显著的影响。Podpiera 等[77]也将成本效率作为管理水平的代表检验了不良贷款和管理水平的因果关系，Louzis[74]等也认为管理质量和宏观变量对不良贷款率有显著的影响，而Ghosh[78]发现滞后期的成本效率对不良贷款的影响。Espinoza等[79]、Kauko[80]研究了宏观经济变量对不良贷款的影响，发现经济增长时不良贷款较少，并且不良贷款会随着财政赤字和利率的上升而增加。Anastasiou[75]用GMM模型，以欧洲地区国家的商业银行1990—2015年的数据为样本对不良贷款的影响因子进行研究，其研究表明失业率、商业银行的管理技能，风险偏好等都会对不良贷款有显著的影响，其研究还加入了个人所得税和产出差作为潜在的解释变量，结果这两个变量对不良贷款的影响也是显著的。Beck等[81]证明了GDP增长率、股票价格、利率已及汇率对不良贷款的影响。Ghosh[82]认为不良贷款的增加是由信用评级、流动性风险、成本非效率、资本化、银行规模等银行特征因素以及失业率、通货膨胀、公共债务等宏观因素共同导致的。Ozili[83]研究了不良贷款和经济循环之间的相互关系。Messai[84]以意大利、瑞士和西班牙的85家银行为样本，发现经济增长、银行收益会对不良资产有负向影响，而失业率、实际利率和差的信用评级对商业银行的不良资产有负影响。Makri等[85]也发现了很多宏观经济因素和银行特征变量会对银行的不良贷款产生影响。

1.2.2.4 信用风险监管理论研究

20世纪70年代，乔治·阿克尔洛夫、迈克尔·斯彭斯和约瑟夫·斯蒂格利茨提出了信息不对称这个理论。信息不对称这一理论的基本解释是每个个体在市场经济中对于信息的掌握程度会产生差异化。若一个个体掌握的信息量大，则通常情况下，该个体在市场经济中会处于优势地位，反之掌握信息量较少的个体相对会处于劣势。该理论批判了传统的经济学理论假设：完全信息假设。信息不对称是市场经济中必然存在的问题，而该理论认为政府应该在市场经济中发挥强有力的宏观调控来减少信息不对称对市场经济造成的危害。

20世纪末，在信息不对称理论的基础上，D. W. Diamond提出现代金融中介理论，该理论认为在信息不对称下，民众处于"理性的无知"中，对未来的支出、消费等都无从知晓，面临很大的不确定性，所以对流动性有很大的需求。商业银行作为存款人和借款人之间的中介，正好为民众提供了这种"流动性"，同时也承担了一定的风险，满足了其需要。然而，在这个过程中，商业银行承担了借款者的信用风险，存款者承担了银行的信用风险，信用风险监管的理论便由此而生。

随着国际贸易的迅速发展，世界各国的金融联系越来越频繁和紧密，金融全球化趋势明显。跨国境的国际金融活动容易因为各国监管管辖权范围不明确而使信用风险膨胀，在这种背景下，英国学者霍利韦尔，美国学者考埃特提出了信用风险监管国际合作论。

1974年，由国家清算银行发起，英国、法国、美国等十二个国家齐聚瑞士巴塞尔共同探讨关于商业银行的国际监督管理问题。下一年，巴塞尔委员会正式成立。1988年，《巴塞尔资本协议》问世，《巴塞尔资本协议》将资本监管放在很重要的位置，并强调各国必须制定统一的风险管理标准，例如，资本充足率必须大于或者等于8%，该协议还指出了国家风险对于银行信用风险的重大影响。2004年，在金融工具不断创新，全球化进程加快的背景下，巴塞尔委员会推出了《巴塞尔新资本协议》，该协议对资本充足率的计算做了改进，并规定商业银行的信用风险等为其主要风险。该协议还明确指出监管部门应该因地制宜、因时制宜地制定监管政策，并根据银行所承担的风险逐步建立内部评级法等等。2008年全球金融危机暴露了金融监管的重大漏洞，为了增强商业银行的稳定性，2010年巴塞尔委员会发布了《巴塞尔协议Ⅲ》，确立微观审慎监管与宏观审慎监管相结合的监管模式，将监管目标从单个银行的稳健性扩展到整个金融系统的稳健性。

1.2.3 文献评述

目前，国内学者们并没有就如何对银行信用风险进行评价达成一致意见，提出用单个指标来度量银行信用风险的学者们大多都是靠定性分析得出的结论，未通过实证来检验这些指标在衡量信用风险方面的有效性。很多文章用不良贷款率来作为信用风险的衡量指标，但不良贷款率能否准确衡量信用风险尚未得到验证，尽管部分研究曾对不良贷款率的真实、完整性提出质疑，迄今也没有学者能提出一个能够替代不良贷款率的让学界和业界都信服的信用风险衡量指标。对银行信用风险进行评价在维护金融稳定方面有很重大的意义，我国信用风险监管还存在很多问题，很多学者对我国信用风险监督和

第1章 绪 论

管理提出了很多建议,但是这些建议多以定性分析得出的结论为主,缺乏数据支持。国外对银行信用风险的研究大多是研究商业银行如何去规避由于交易对手违约而导致的信用风险,很少有站在存款者的角度去研究银行自身的信用风险危害及规避问题。用KMV模型、Logit模型、CreditMetrics模型、Creditrisk+模型进行信用风险评价,一方面这些模型都源于国外,不一定符合中国国情;另一方面,这些技术或者方法难以形成客观标准,技术过于复杂,因此,用这些模型对我国商业银行的信用风险进行评价并非最好的选择。国外学者对于银行信用风险监管的研究集中在理论上,很少有实证研究。总体来说,现有的信用风险评价方法有的难以形成客观标准,有的缺乏实证的检验,有的技术过于复杂,难以直观反映信用风险。为了弥补现有研究的缺陷,本书将对不良贷款率这一监管指标进行改进,用中国独有的贷款迁徙率数据计算出处置前不良贷款率,并对用其进行信用风险评价的优势进行验证,而后对这一指标的影响因子进行实证分析,并以此为依据给出更好地进行信用风险管理和监管的对策建议。

1.3 主要研究问题和研究目的

本研究从信息金融学、行为金融学、博弈论等角度分析银行信用风险的成因,在银行信用风险的理论基础上,以中国上市商业银行为研究对象,提出一个更有效地进行信用风险评价的指标并进行检验。基于此,本研究主要回答以下几个问题:

①如何通过各商业银行公布的不良贷款率和贷款迁徙率计算处置前不良贷款率的近似值?

②不良贷款率在对银行信用风险进行评价时是否会更加有效?是否更能反映银行的倒闭风险,是否更能对银行的效率产生影响?

③从指标体系角度来看,将处置前不良贷款率和处置后不良贷款率分别纳入银行信用风险评价指标体系,两个指标体系的评价结果会不会存在差异?

存在怎样的差异？

④用处置前不良贷款率衡量的信用风险的影响因素有哪些？商业银行应该如何从处置前不良贷款率的角度对其信用风险进行高效的管理，监管单位应该如何对银行的信用风险进行更有效的监管？

本书的研究目的在于，计算处置前不良贷款率，并对处置前不良贷款率评价银行信用风险的可行性进行研究，以期得到一个更严格、更直观、更能全面反映银行信用风险的监管指标和指标体系，从而使得监管单位能更好地对商业银行进行监管，投资者、存款者能更准确辨别一家银行在信用风险管理水平上的好坏，倒逼商业银行提高自身贷款质量和信贷管理水平。

1.4 本书创新点与不足点

1.4.1 研究创新点

与已有研究相比，本研究的创新之处主要体现在以下几个方面：

第一，本书在研究的角度上进行了创新。本研究利用商业银行自身的财务数据对商业银行的信用风险进行分析，与国内外现有文献大多站在商业银行交易对手的角度，对交易对手的财务数据进行分析进而推测商业银行的信用风险管理进行相比，本研究是目前较为全面、直接的关于银行信用风险评价的理论和实证研究。

第二，本书对指标进行了创新。本书采用中国独有的贷款迁徙率这一指标首次计算了上市商业银行年度处置金额、处置前不良贷款、处置前不良贷款率等指标的近似值，为贷款迁徙率这一指标的运用指出了一个可能的方向，也为处置前不良贷款率的计算提供了方法。

第三，本书在研究的思路上进行了创新。本书就处置前不良贷款率作为单个银行信用风险评价指标的优势进行探讨，在探讨过程中，循序渐进，层层深入。本书分别研究了处置前不良贷款率和处置后不良贷款率作为信用风险单个衡量指标对于上市商业银行倒闭风险和效率的影响,并将其结果进行对比之后得出相关结论。

第四,本书对现在的信用风险评价指标体系进行了创新。在国内外监管单位以及各大评级单位现有的信用风险评价指标体系下,结合我国的实际情况,形成了一套新的信用风险评价指标体系。本书还运用熵权-TOPSIS法分别对处置前不良贷款率和处置后不良贷款率的指标体系的评价结果进行比较。基于以上的探讨结论,本书还研究了处置前不良贷款率的影响因子,为监管单位提供了一个有效的信用风险监管指标的同时也提供了对该指标进行管理的方法。

1.4.2 研究不足点

从目前来看,以处置前不良贷款率为基础对银行信用风险展开的研究依然较少,本研究抛砖引玉地探讨了这一领域,初步取得一些思路和结论,但仍然存在一些不足,有待进一步的研究,主要表现在:

(1)在研究设计方面,本研究将商业商业银行作为研究样本,虽然具有一定的代表性,但是却将我国众多的中小商业银行排除在外,对中小商业银行进行研究是否也能得出这样的结论,有待商榷。

(2)本研究没有摆脱纯粹的技术分析,进一步的研究需要重视行为心理与制度设计的相互作用,结合商业银行行为决策主体的心理进行实验研究以及案例研究,寻找更为合适的变量,对经验证据进行搜集和补充。

1.5 研究内容、方法及技术路线

1.5.1 研究内容

本研究以中国上市商业银行为研究对象,从银行自身财务指标出发,研究如何对银行的信用风险进行更准确的评价。本书的研究主要分为八章,每章的具体内容安排如下：

第1章，绪论。绪论部分主要包括文章的选题背景及选题意义，结合理论和实践中的问题，讨论本研究的理论和现实价值；接着对银行信用风险的研究现状进行综述并进行评价；然后论述本研究主要想解决的问题；随后简要介绍了本研究主要的研究内容、方法和研究的技术路线和逻辑；最后归纳了本研究的创新点和不足。

第2章，银行信用风险的基础理论。本章从银行信用风险的内涵出发，分析信用风险的特征、成因以及影响；分析我国银行业信用风险的现状；分析现有的银行信用风险评价指标体系。

第3章，新的信用风险监管指标构建——处置前不良贷款率。本章首先介绍了计算处置前不良贷款率的关键指标贷款迁徙率；再介绍了当前商业银行对不良贷款的处置方式；继而介绍处置前不良贷款率的计算方法，并就处置前不良贷款率对商业银行进行风险监管时的特点进行分析；最后将处置前不良贷款率与各上市商业银行公布的不良贷款率这两个指标进行比较。

第4章，基于倒闭风险视角的创新指标信用风险评价有效性研究。本章先通过理论分析得出信用风险和倒闭风险的相关关系，而后分别用处置前不良贷款率和处置后不良贷款率作为信用风险评价的单个指标与商业银行的倒闭风险进行回归，并将其回归结果进行比较，以验证处置前不良贷款率作为信用风险评价指标的有效性。

第5章，基于效率视角的创新指标信用风险评价有效性研究。本章先通过理论分析得出信用风险和银行效率的相关关系，而后分别用处置前不良贷款率和处置后不良贷款率作为信用风险评价的单个指标与商业银行的效率进行回归，并将其回归结果进行比较，以验证处置前不良贷款率作为信用风险评价指标的有效性。

第6章，基于指标体系视角的创新指标信用风险评价有效性研究。本章分别将处置前不良贷款率和处置后不良贷款率纳入到银行信用风险评价体系之中，并对两种评价体系的评价结果进行比较以验证处置前不良贷款率作为信用风险评价指标的严格性。

第7章，创新指标的影响因子研究。本章将分别研究和分析宏观经济因

第1章 绪 论

素、银行自身的特征因素等对处置前不良贷款率的影响，对下文的对策建议打下基础。

第8章，我国银行信用风险管理和监管的建议。基于上文中得出的结论，本章将分别站在商业银行和监管者角度，对如何更好地进行信用风险管理和监管提出一些有针对性和可操作性的政策建议。

1.5.2 研究方法

本研究采用了多种研究方法和研究手段，例如，规范研究、实证研究和政策分析相结合，定性分析和定量分析相结合等。具体来说：

①规范研究、实证研究和政策分析相结合。本研究首先通过理论分析对银行信用风险的影响进行了研究，得出一些基本的推论和假设；然后运用我国上市商业银行的数据，对处置前不良贷款率作为信用风险衡量指标的有效性进行实证研究；最后利用研究得出的有价值的结论，提出如何对商业银行信用分析进行更有效监管的政策建议。

②定性分析与定量分析结合的方法。在银行信用风险成因以及其对宏观经济、对银行本身、对社会影响机理分析等方面，本研究结合信息经济学、行为金融学、博弈论采用的是定性分析。第4~7章的实证研究中主要采用统计分析和计量经济模型等定量研究的方法。前半部分的定性研究主要是从理论、概念和逻辑上对本研究内容进行系统性梳理，清晰直观但容易带入主观偏见等错误，通过定量分析则能较好地弥补这一缺失，结果更为科学客观。

1.5.3 技术路线

本研究所遵循的技术路线如图1.1所示。

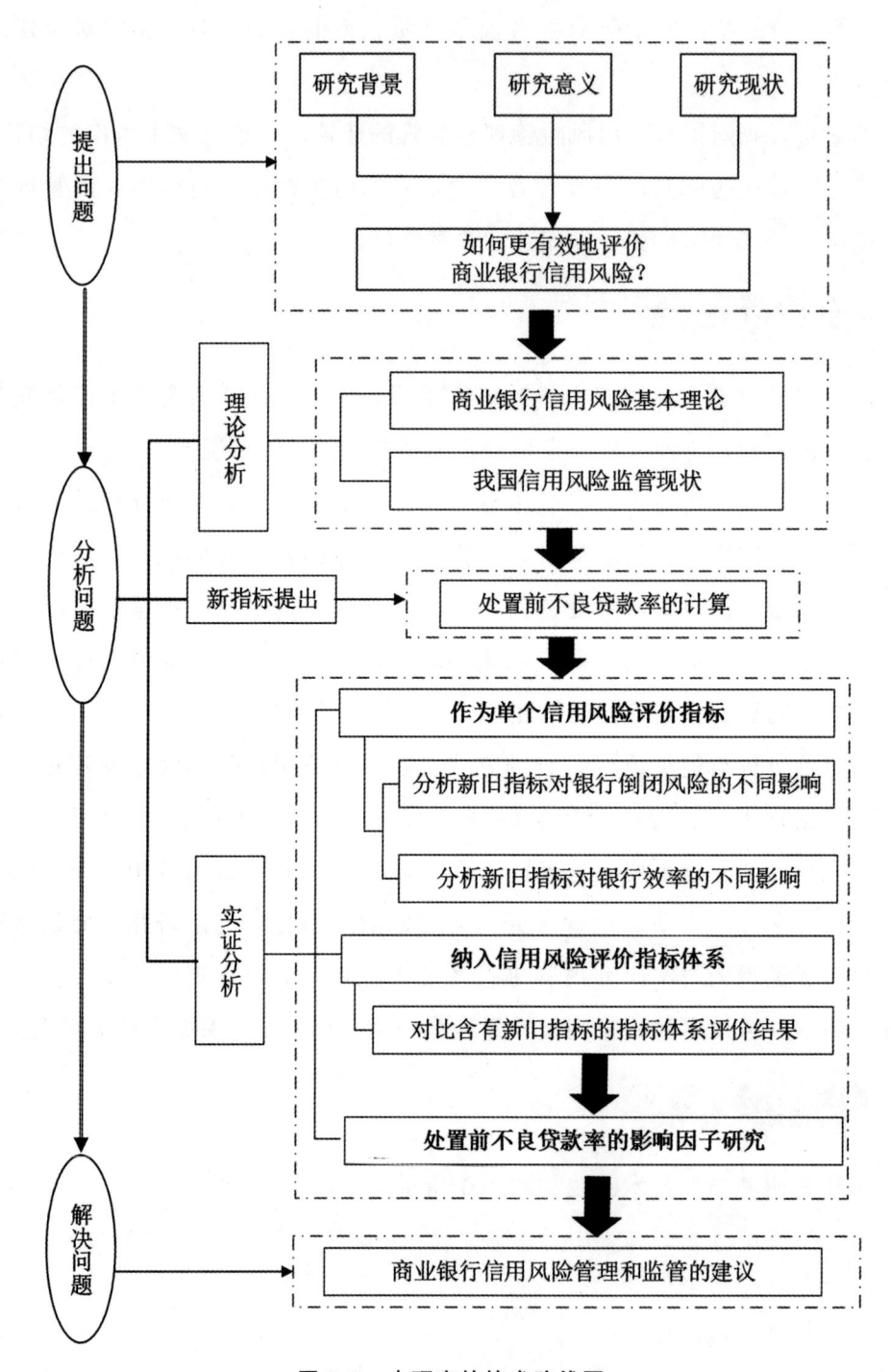

图 1.1　本研究的技术路线图

第 2 章 商业银行信用风险一般理论分析

2.1 银行信用风险基本理论

2.1.1 银行信用风险内涵

一般而言,商业银行的风险指的是其在运营过程中,在非确定因子的影响下,银行的真实收益达不到预期,甚至会出现损失的可能。银行信用风险是商业银行风险的重要组成部分。通常来说,银行信用风险的内涵包括两个层面:第一的层面是商业银行本身的信用风险,即银行本身出现违约的可能性以及银行信用评价等级下降的可能性。第二个层面是交易对手的违约风险,是指由于商业银行的借款者不能按时偿还贷款本息或由于贷款者信用评级发生负向改变而导致该交易对手的债务价值在未来时期下降而导致的商业银行出现的信用风险。目前用模型对信用风险进行度量的研究主要是从第二个角度出发研究交易对手的违约风险,而本研究是从第一个角度出发,主要针对于银行自身的信用风险进行研究。

2.1.2 银行信用风险特征

①分布的不对称性。通常我们用正态分布曲线来描述市场价格的波动,

近似地认为市场风险的收益分布是对称的。然而，贷款收益和损失的不对称性导致了信用风险的概率分布的偏离。信用风险的分布具有明显的"厚尾"特征，信用风险损失区域极端值出现的概率密度比一般的正态分布要大很多。因为银行放出一笔贷款，在合约期内有较大可能回收并获得约定的利息，但是一旦交易对手还款出现问题，银行发生的损失规模要比利息收入大很多。相比之下，银行通过贷款业务得到的回报是存在最大值而且是固定的，而贷款业务将要承担的损失是没有限度而且变化的。

②系统性和非系统性特点并存。银行信用风险既受到宏观经济状况、行业状况、政策、周期等系统性因素的影响，也受到借款人的还款能力、还款意愿等非系统性因素的影响。借款人没有还款能力，或者有还款能力但是没有还款意愿都会使商业银行面临信用风险。

③传染性。市场经济活动中的信用活动具有很强的关联性，任何一个环节出问题，都会引发很大的风险。一家企业的信用风险可能扩散到整个生产线，同样一家银行的信用风险也可能会使恐惧在整个金融市场蔓延，个别信用风险可能会导致整个金融系统的风险，国内的信用风险也可能蔓延到国外，导致更大范围的金融危机。

④亲周期性。信用风险受经济和金融周期的影响非常大。在经济、金融扩张时期，银行的信贷规模扩大，市场上的货币流通量变多，企业发展状况良好，此时发生信用风险的可能性比较小。相反地，在经济、金融衰退时期，银行的信贷规模变小，市场上的货币流通紧缩，企业再融资难度增高，生存艰难，还款能力下降，此时发生信用风险的可能性较大。

⑤道德风险和信息不对称对信用风险的形成具有重要作用。在放款过程中，商业银行与其交易对手的货币交易通常是在存在不对称信息的情况下交易。银行全面、准确地对债务人的各种状况进行掌握的难度非常大。通常情况下，如果信息掌握失去平衡，债务人非常容易产生道德风险来实现自身利息的最大化，这也使得信用风险加大。并且，在信息不对称的情况下，商业银行会假设各家企业的风险程度基本相同，这样，商业银行更加倾向于把款放给利息溢价高的企业，导致"劣币驱逐良币"的状况。

⑥可测性和可控性。信用风险是可以通过信用风险管理和监管从而有效

预防和避免的。信用风险的发生可能是偶然的,然而很多信用风险的爆发都遵循一定的规律。将过去银行的各种信用数据进行分析,通过计量方法尽可能多地了解与信用风险显著相关的因子,然后对这个或者多个显著相关的因子采取有效的监管措施,可以降低信用风险发生的频率、强度和广度,将信用风险有效地控制在一个合理的范围之内。

2.1.3 银行信用风险成因及其影响

2.1.3.1 银行信用风险成因分析

银行信用风险既会受到宏观因素的影响,又与微观因素息息相关。银行信用风险的成因既可以从经济周期、政策等宏观因素进行分析,也可以从商业银行自身、交易对手等微观主体进行分析,还可以从信息经济学、行为金融学和博弈论等角度进行分析。

1. 银行信用风险的宏观因素分析

①国家经济政策导向。在市场经济中,市场调节和宏观调控是实现资源配置的手段。宏观调控通过经济、法律和行政等手段来弥补市场调节的不足,具有自觉性、主动性和预见性。而宏观调控也不可避免地会引起经济活动中的投资分配的改变,影响投资总量和投资结构。国家通过财政政策和货币政策对市场产生影响,货币政策通过对货币供应量、存款准备金率、利率的影响直接影响投资者的行为,从而引发信用风险。

②经济、金融周期。在市场经济中,经济和金融运行都呈现出周期性的特征。在不同的经济周期、金融周期运行阶段,商业银行面临不同的信用风险。在经济、金融周期扩张时期,社会投资欲望、银行放款欲望很强,信贷规模扩大,信用风险相对较小。在经济、金融衰退时期,不仅银行的信贷规模会下降从而导致利润下降,借款人的经营条件也会进一步恶化,使其还款能力变差,此时,商业银行会面临较大的信用风险。

2. 银行信用风险的微观经济主体因素分析

①商业银行自身管理水平的影响。从商业银行的经营策略角度说,商业银行实现盈利既可以通过提供服务来收取手续费,也可以通过放款来获得利息收入。商业银行应该根据自身的资产状况、风险状况来对资金去向进行规

划，比如将放款在行业、地区之间分散。商业银行的业务应该考虑两个方面，一方面是盈利性，第一方面是可持续发展。没有策略的经营，一味地追求收益就会使商业银行面临信用风险。从银行业务结构的角度，商业银行是一个很特殊的企业，其绝大部分的资金来源于存款户的有偿存款，银行的资产业务、负债业务、中间业务之间紧密联系，如何使这三类业务协调发展，如何将这三类业务结合起来考虑银行的安全性，也是银行要考虑的重点问题。如果银行业务结构不合理，也会导致信用风险。从风险管理水平的角度来说，风险预防是银行工作的重中之重，如何对风险进行有效的管理是一项系统性的工程，这对工作人员提出了很高的要求。目前，我国银行业正在处于转型的过程中，大部分工作人员工作方法老旧，缺乏风险管理知识，不利于对银行信用风险进行有效的管理。

②从交易对手角度分析。从借款人的角度，借款人还款能力和还款意愿都会对银行的信用风险产生影响。造成借款人还款能力下降的因素有很多：企业借款者方面，受经济周期的影响，盈利减少；受到非周期性因素而导致企业发生了极端损失；受企业经营管理水平的影响，企业经营不善，抵抗风险的能力变弱。个人贷款者方面，失业等使个人资产和收入下降的时间发生会导致个人贷款者的履约能力下降。造成借款人还款意愿下降的因素也有很多，可能出于投机心理的影响，也可能出于恶意诈骗商业银行资金的影响，也可能是由于宏观经济环境的变化。例如，A交了20%的首付使用住房按揭贷款购买了一套商品房，由于经济形势发生改变，房地产价格下降了30%，那么A在权衡之下还款意愿会极大降低。

3. 从信息经济学的角度分析

信息经济学研究的核心问题是信息不对称，该理论完全对古典经济学的完全信息假设进行了否定。信息不对称问题的存在不可避免地产生"道德风险"和"逆向选择"的问题。在银行的业务中，最典型的信息不对称表现在银行与借款人之间。在信息不对称的情况下，银行很难准确判别借款者及其投资项目的风险程度，银行会根据借款者及其项目的平均风险水平来对其风险进行判定，从而决定利率R。假设低风险客户愿意出的利率为R_1，高风险可以愿意出的利率为R_2，这三个利率满足以下条件：$R_1 < R < R_2$，此时由于信息

不对称，银行没办法准确识别两者的风险差异，从盈利性的角度考虑就会放弃低风险客户，放款给愿意出更高利率的借款者。一般情况下，愿意支付高利率的贷款者都从事高风险或者是投机性事业，于是就产生了"逆向选择"问题，形成了市场失灵的现象，增加了商业银行的信用风险。

从另一个角度，在放款完成后，在信息不对称的情况下，商业银行很难对借款者的资金去向进行监管，对债务人的信用状况变化也不容易察觉，在这种情况下，借款者极有可能对商业银行隐瞒自己的行为，从事违反合约的更高风险的经济活动，产生"道德风险"。"道德风险"的产生也会使商业银行的信用风险大大增加。

4. 从行为金融学的角度分析

传统金融学理论认为人们的决策是建立在理性预期、风险回避、效用最大化以及相机抉择等假设基础之上的。但是行为金融学认为并非如此，行为金融学认为当一个行为主体处在不确定的环境中，这个行为主体的行为会深受环境的影响，是有限自利、有限意志和有限理性的行为主体。在借贷市场上最典型的就是存在"羊群效应"，从放款者的角度，各家银行纷纷抢着给某一行业某一企业提供贷款，造成银行谈判成本变高，而对某一出现问题的行业或者企业纷纷收回打款，加速其资金链断裂，加大加快信用风险。从借款者的角度，如果有人因为违约而获利，消息反馈到后续借款者，他们也会纷纷效仿，形成恶性循环，导致可怕的信用风险。

5. 从博弈论的角度分析

博弈论认为借款者是否选择违约是对违约这一行为的成本和收益进行比较后决定的。如果违约能给借款者带来相对更多的回报，那存款者就会更倾向于选择违约。如果借贷双方是一次博弈，"声誉机制"的影响就会降低，借款人出现机会主义的可能性就会变大。如果借贷双方是重复博弈，由于"声誉"机制的影响，借款者会更加偏向于守信。但是，随着金融经济的不断发展，交易主体逐渐增多，重复博弈的可能性降低，信用风险发生的可能性大大增加。

2.1.3.2 银行信用风险影响分析

1. 对银行自身的影响

①对银行经营成本效率的影响。银行的信用风险会增加自身经营成本。一方面，信用风险的发生会导致商业银行不能及时回收款项，从而不能及时放款给质量更高的放款者，并且在信用风险发生之后，商业银行也会对放款更加谨慎，管理更加严格，从而造成商业银行的经营成本增加。另一方面，信用风险增加会导致商业银行的存款者、债权人对该银行的信任度下降，商业银行吸收资本金难度的加大也会大大增加商业银行的经营成本。

②对商业银行利润效率的影响。商业银行发生信用风险，一方面由于交易对手还本付息能力下降、意愿降低，本身对银行利润造成负向的影响。另一方面，信用风险的发生，也会侵蚀商业银行现有的利润，使银行利润降低。

③对商业银行倒闭风险的影响。由于"信用悖论"的存在，受"羊群效应"的影响，商业银行的贷款可能不仅在行业上，而且在地域上都会非常集中，如果信用风险不慎发生，将会迅速蔓延，造成不可估量的严重后果。信用风险为商业银行带来的资产损失不仅会很大程度地侵蚀银行利润，在极端情况下甚至还可能会使得银行因为丧失清偿力而破产。

2. 对宏观经济的影响

商业银行是现代经济发展中很重要的市场主体，一方面，银行信用风险增大，可能会收缩其贷款规模，加大借款人融资难度和融资成本，加大微观经济主体破产的风险。另一方面，由于商业银行的特殊地位和传导作用，信用风险还可能造成整个金融市场的混乱，爆发金融危机。

3. 对社会的影响

如果银行的信用风险传导到企业，必定会导致企业大量破产，劳动人民大量失业，人民失去对经济的信用。从银行自身角度来讲，如果由于银行信用风险，导致其自身由于丧失清偿而破产，导致了金融危机，必然会造成财政负担加重、GDP下降、失业率上升、犯罪率上升等一系列恶劣的连锁反应，整个社会都将陷入深深的恐慌，生产力和生产持续都会遭到严重的破坏。

2.2 我国银行信用风险现状分析

2.2.1 不良贷款额和不良贷款率"双增"

贷款风险是目前我国商业银行面临的最大的信用风险。经过不良资产剥离,以及各银行和监管单位的努力,我国商业银行在改善贷款质量方面取得了一定的成效。但是,如图2.1所示,从2012年开始,我国不良贷款额和不良贷款率又开始呈现"双增"的现象,引起了社会的广泛关注。据银监会统计,2012年我国银行业不良贷款余额为4 929亿元人民币,不良贷款率为0.95%;2013年不良贷款余额为5 921亿元,不良贷款率为1%;2014年我国银行业的不良贷款余额存量为8 426亿元,不良贷款率为1.25%;从2015年开始,我国银行业不良贷款余额开始破万亿,并持续增加,2017年,我国银行业不良贷款额为16 704万亿,为2012年不良贷款余额的3.38倍,不良贷款率为1.74%,较2012年上涨了83%。

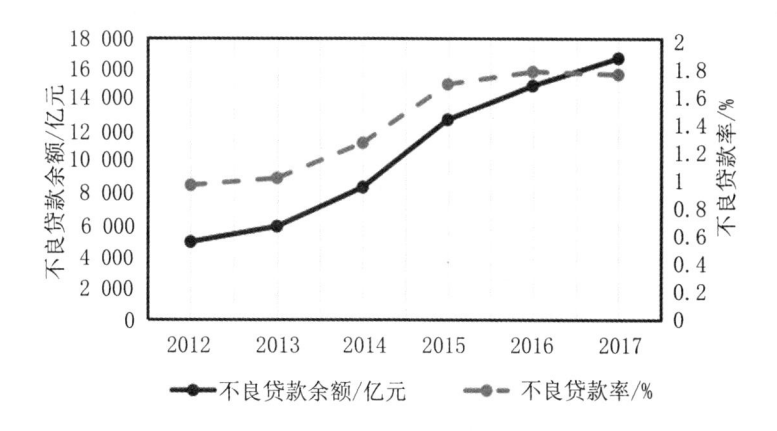

图2.1 2012—2017年不良贷款余额和不良贷款率变化趋势图[①]

---

① 数据来源:同花顺IFIND数据库。

2.2.2 商业银行贷款在行业内高度集中

本书收集了 25 家上市商业银行近五年发放贷款的行业数据，经过对比分析发现，商业银行在制造业、租赁与商务服务业、批发和零售业以及房地产行业这四个行业的贷款占到了 50% 以上，而住宿与餐饮、文化、体育与娱乐业、信息传输、软件和信息技术服务业、科学研究与技术服务业等行业的贷款不足商业银行总贷款的 1%。图 2.2 所示为 25 家上市商业银行向各行业放款占比的平均情况。

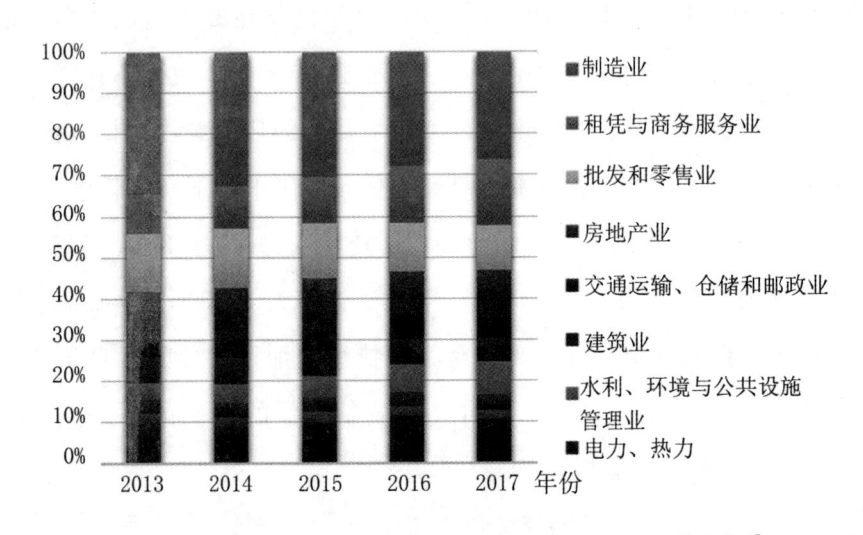

图 2.2　25 家上市商业银行对各行业贷款平均占比的堆积图①

从图 2.2 可以看出，制造业贷款比重在 2013—2017 年都居商业银行贷款首位，平均在 30% 左右，商业银行发放贷款的行业集中度相当高。根据数据显示，个别银行制造业贷款占其总贷款半数以上，例如，2017 年吴江银行对制造业的贷款就占其总贷款的 55%，江阴银行 2015 年对制造业的贷款占其总贷款的 51%。贷款在行业内高度集中，大大增加了银行发生信用风险的可能性。

---

① 数据来源：同花顺 IFIND 数据库。

2.2.3 信贷潜在风险不断加大

近年来,无论是我国的宏观经济形势还是国家的行业产业政策都在不断地进行调整,很多大企业客户都面临着经营下滑、产能过剩、经营成本上升的问题,而与此同时大企业客户的内部治理问题也在逐渐凸显,这使得很多大企业客户面临的道德风险和经营风险加大。以前银行的信贷集中投向大客户,然而在当前形势下大客户发生不良贷款的概率上升,在这种情况下,银行逐渐将信贷竞争转向了中小企业。银行能从中小企业那里获得的利润是有限的,受国家鼓励行业兼并重组以及加快对落后产能进行淘汰的影响,中小企业也逐渐面临越来越大的政策性风险。因此,从银行信贷客户的角度来看,银行面临的潜在信用风险不断增加。

有很多学者和研究团队都认为我国潜在信用风险在不断加大。2013年,全球三大评级机构之一标准普尔警告,中国大型企业的信用风险将在未来数年内增加。标准普尔指出,未来,中国很多大型公司的信用风险将随着经济增长速度的减慢和债务的不断增加而加大。这份报告调查研究了中国151家大型公司的资产负债表,报告结果显示,被调查的公司存在的债务问题很严重,而被调查的公司中我国的国有企业占很大比例。敬志勇[86]认为中国银行业不良贷款率有很大的上升空间,以至于美国管理咨询公司DAC管理有限责任公司(DAC Management LLC)认为中国商业银行坏账被显著低估,坏账高峰尚未来临,很可能为坏债投资者创造机会。2018年6月28日,中国银行国际金融研究所发布了《2018年三季度经济金融展望报告》①,课题组专家认为,我国银行业经营发展会呈现四大特征:业务增速将处于低位;但盈利效率持续改善;信用风险压力加大;抗风险能力有望夯实。

---

① 详见中国银行官方网站:http://www.boc.cn/fimarkets/summarize/201806/t20180628_12689299.html。

2.3 银行信用风险评价指标体系

银行信用风险评价是系统性的工程，中国的银行监管单位提出过《商业银行风险监管核心指标》，确定了银行信用风险核心指标及监管要求。美国金融管理机构对商业银行设定了规范化、制度化和指标化的等级评定制度——骆驼评级法。除此之外，还有很多权威的信用评级机构，例如标准普尔、穆迪等，也对商业银行建立了信用风险评价准则。

2.3.1 商业银行风险监管核心指标

根据《商业银行风险监管核心指标》，银行信用风险的一级指标、二级指标及其含义和监管要求如表2.1所示。

表2.1 银行信用风险监管核心指标

分类	一级指标名称	含义	监管要求
信用风险水平监管指标	不良资产率	不良资产/资产总额	≤4%
	单一集团客户授信集中度	最大集团客户授信总额/资本净额	≤15%
	全部关联度	全部关联授信/资本净额	≤50%
风险迁徙类指标	正常贷款迁徙率	正常贷款中变为不良贷款的金额/正常贷款金额	
分类	二级指标名称	含义	监管要求
信用风险水平类监管指标	不良贷款率	不良贷款/贷款总额	≤5%
	单一客户贷款集中度	最大客户贷款总额/资本净额	≤10%
风险迁徙类指标	正常类贷款迁徙率	正常类贷款中变为后四类贷款的金额/正常类贷款金额	
	关注类贷款迁徙率	关注类贷款中变为不良贷款的金额/关注类贷款金额	

2.3.2 CAMELS 骆驼评级体系

"骆驼"评价体系是美国金融管理当局对商业银行及其他金融机构的业务经营、信用状况等进行的一整套规范化、制度化和指标化的综合等级评定制度。其中 C 代表"capital adequacy",意为资本的充足性;A 代表"asset quality",意为资产的质量;M 代表"management",意为管理的水平;E 代表"earnings",意为盈利的水平;L 代表"liquidity",意为流动性水平;S 代表"sensitivity of market risk",意为市场风险的敏感度。

各评价内容的评价标准如表 2.2 所示。

表 2.2 "骆驼"评级法的评价标准

类别	指标	评价标准
资本状况	一	资本充足、高出平均值,经营管理好,资产质量高,不存在潜在风险
	二	资本充足率高,高出平均水平,没有风险问题,业务发展稳健
	三	资本充足率不高,低于平均水平,不良贷款多,或近期大幅度扩展业务
	四	资本明显不足,贷款问题或业务发展过快,盈利不好
	五	资本充足率在 3.5% 以下,风险资产比重过大
管理水平	一	管理水平高、人员素质好、有能力解决问题、有预防措施、不存在问题
	二	管理上略有问题,但管理者可以解决,整个管理状况令人满意
	三	管理潜伏着一定程度上的危机,目前的管理水平不能解决现存的问题
	四	管理水平差,管理者没有解决问题的能力
	五	管理者素质较差,完全没有能力,应更换高层管理者
收益状况	一	资产收益率在 1% 以上
	二	资产收益率在 1% 左右
	三	资产收益率在 0~1% 之间
	四	资产收益率在 0~1% 之间,其他指标较弱
	五	资产收益率为负数,出现经营性亏损

续表

类别	指标	评价标准
资产流动性	一	流动性充足,而且还拥有随时筹资的渠道
	二	流动性比较充足,但略低于第一级
	三	流动性资金不足以完全满足该行的资金需要
	四	流动性方面存在着相当大的问题
	五	完全没有流动性,随时面临倒闭的危险
市场风险敏感度	一	有较固定的收益模式,受市场风险的影响小,不会对经营产生很大影响
	二	受市场风险的影响较小,在可控的范围之内
	三	受市场风险的影响超出可控的范围
	四	受市场风险的影响较大,可能面临倒闭风险
	五	受市场风险的影响非常大,倒闭风险非常大
综合评价	一	一流银行,能应付市场的任何变化,监管部门可以对此放心
	二	稳健安全的银行,监管部门不需要特别关注
	三	有一事实上问题的银行,监管部门应较多关注
	四	有严重财务问题的银行,有倒闭危险,监管部门应尽快采取措施
	五	近期内可能倒闭的银行,急需充实资本,并更换高层管理者

2.3.3 各信用评级公司评价体系

根据穆迪、惠誉、标准普尔、中诚信、大公国际等国内外权威评级机构所采用的评级准则,各信用评级公司评级准则中影响银行信用风险高低的内部因素大体可以归纳为五个方面:资本充足性、资产质量、管理水平、盈利水平、流动性。

穆迪设置了5个内部指标准则层,包括资本充足性、资产质量、公司治理、盈利能力、流动性。标准普尔设置了资本、信用风险及其管理、公司结构、盈利、资金来源/流动性等5个方面内部指标准则层。大公国际设置了资本充足性、资产质量、公司治理、盈利能力、流动性等五个内部指标准则层。中诚信国际主要设置财务因素、风险关系两个内部评价准则。具体情况如表2.3所示。

第 2 章 商业银行信用风险一般理论分析

表 2.3 各信评公司准则层对比

机构	准则层				
穆迪	资本充足性	资产质量	公司治理	盈利能力	流动性
标准普尔	资本	信用风险及管理	公司结构	盈利	资金来源/流动性
大公国际	资本充足性	资产质量	公司治理	盈利能力	流动性
中诚信国际	财务因素	风险关系			

2.3.4 信用风险评价指标归纳

各信用风险评价主体在对商业银行进行信用风险评价时既有相同也有差异，本研究通过对国家监管部门、权威评级机构和经典学术文献采用的指标进行指标海选，在考虑数据可得性的前提下，归纳出以下指标集，如表 2.4 所示。

表 2.4 银行信用风险评价指标集

准则层	指标层	类型
资本充足率	资本充足率	正向
	核心资本充足率	正向
	资本资产率	正向
	股东权益/净贷款	正向
资产质量	不良贷款率	负向
	不良资产率	负向
	拨备覆盖率	正向
	最大单一客户贷款比例	负向
流动性	流动性比例	正向
	存贷款比率	负向
	人民币超额准备金比率	正向

表 2.4 中正向指标数值越大代表上市银行信用风险总体水平越低，经营情况越好的指标，指标值和最小值之差越大，指标标准化处理后的比值越大，

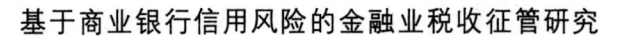

指标所反映的情况越好,反之亦然。负向指标数值越大代表上市银行信用风险总体水平越高,经营情况越差的指标,最大值与该指标值的差越大,指标标准化处理后的比值越大,指标所反映的情况越好,反之亦然。

在监管机构或外界评级公司对商业银行进行信用风险评价时,商业银行出于利己的动机往往会希望负向指标越小越好,在负向指标中,最大单一客户贷款比例和存贷款比率是相对客观的,银行的可操作性小,而不良贷款率和不良资产率由于是经过处置(例如,核销)后再计算的比例,可操作的空间相对较大。下文将对不良贷款率这一比率进行更严格的创新,然后对创新的指标进行检验,最后形成新的银行信用风险评价指标集,再对上市银行的信用风险进行评价。

第 3 章　信用风险评价指标创新

3.1　贷款迁徙率

我国的商业银行贷款五级分类制度相较于发达国家的银行来说起步较晚，1998年，中国人民银行下发了《贷款风险分类指导原则（试行）》（银发〔1998〕151号），这一原则开始要求国有商业银行应该对其发放在外的贷款实施分类。2001年，中国人民银行又发布了《贷款风险分类指导原则》，此原则要求国内金融机构需要从2002年元旦起全面正式对贷款实施分类。2007年，中国银监会印发了《贷款风险分类指引》（银监发〔2007〕54号），进一步对贷款分类规则进行了规范。

由于贷款分类的结果是反映商业银行某一时点的信贷资产质量，是一个存量概念，是一个静态的指标。为了对贷款分类结果的动态变化进行监督，中国银监会提出了"风险迁徙"这个动态指标，来对银行的信用风险变化进行衡量（详见《商业银行风险监管核心指标（试行）》，2005年12月印发）。贷款五级分类和贷款迁徙率的对照如图3.1所示。

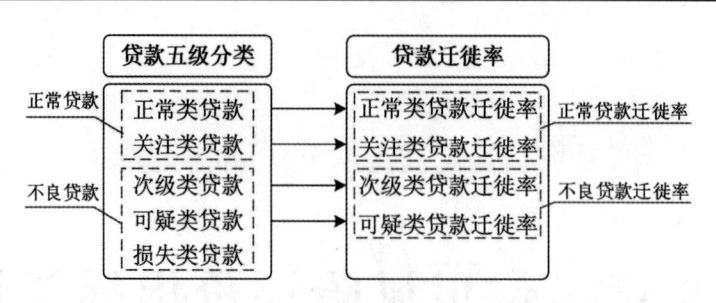

图 3.1 贷款分类与贷款迁徙率对应关系图

"风险迁徙"类指标的内容很丰富，根据规定："风险迁徙"指标主要包括正常贷款迁徙率(一级指标，包含正常类贷款迁徙率、关注类贷款迁徙率)和不良贷款迁徙率(一级指标，包含次级类贷款迁徙率、可疑类贷款迁徙率)。"风险迁徙"类指标的分类及含义如表 3.1 所示。

表 3.1 "风险迁徙"类指标的分类及含义

一级指标	二级指标	含义
正常贷款迁徙率	正常类贷款迁徙率	正常类贷款中迁徙为不良贷款的金额与期初正常类贷款之比
	关注类贷款迁徙率	关注类贷款中迁徙为不良贷款的金额与期初关注类贷款之比
不良贷款迁徙率	次级类贷款迁徙率	次级类贷款中迁徙为后两类贷款金额与期初次级类贷款之比
	可疑类贷款迁徙率	可疑类贷款中迁徙为损失类贷款金额与期初可疑类贷款之比

贷款迁徙率是动态风险监管指标，这个指标有很多优点，例如，敬志勇等[86]对贷款迁徙率的影响因子进行了研究，他指出贷款迁徙率反映了一定时期(通常一年)内存量贷款质量发生恶化的一类重要指标，是银行内部评级体系的一个重要应用，有助于银行及时发现问题贷款并采取有效对策，同时有助于发现内部评价的不足。自从 2005 年《商业银行风险监管核心指标(试行)》中提出这个指标，到目前为止，监管部门没有对这个指标制定相应的监管要求，中国是唯一一个公布贷款迁徙率的国家，本书将用该指标计算处置前不良贷款率的估计值。

3.2 商业银行不良贷款的处置方式

3.2.1 传统不良贷款的处置方式

①不良贷款重组。由于债务主体的财务状况或其他原因导致自身现金流净流入萎缩甚至为负,还款出现困难,商业银行在充分评估贷款风险的基础上,或与相关债务主体协商讨论的基础上,针对目前的贷款方案进行修改或重新制定一套新的偿还方案。重组目前包括自主型和司法型重组。自主型重组是指通过银行和债务人的协商,银行对债务担保条件、还款期限及利率等做出相应调整。司法型重组则指的是债务人向法院申请破产重组,在法院的督导下,债权人与债务人进行协商对贷款偿还方案进行调整。

②资产管理公司(AMC)买断。通过以折价卖断方式出售给资产管理公司。商业银行将不良贷款通过筛选打包,通过对资产包采取评估定价后批量转让给 AMC,AMC 通常采取分期式买断或一次性买断方式进行,不良贷款债权由商业银行转至资产管理公司。

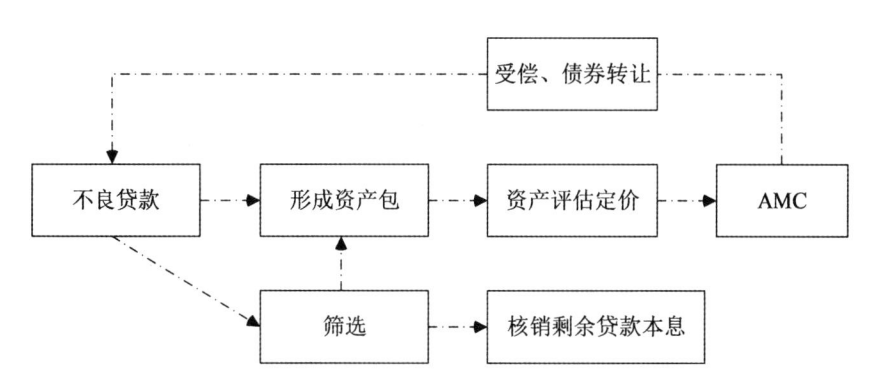

图 3.2 资产管理公司买断商业银行不良资产程序

③核销。商业银行将无法回收的贷款进行注销,商业银行承担相应利润损失。《金融企业呆账处置管理办法(2013 年修订版)》(财金〔2013〕146 号)第

九条规定,金融企业核销呆账,应提供财产清偿证明、追偿证明等内外部证据。无法取得法院或政府有关部门出具的财产清偿证明等相关文件的,金融企业可凭财产追偿证明、清收报告、法律意见书等内部证据进行核销。

④债转股。作为债权主体的商业银行通过与债务企业协商,通过将债权人所持有的债权按协商的比例转化为该企业股权,而由于政策限制,商业银行不能直接将持有的债权转为股权,需要经由第三方金融机构(通常为资产管理公司等)收购不良资产,将债务企业与银行的债权关系转为第三方金融机构与债务企业的股权关系。商业银行通过债转股能降低银行不良贷款额,提高拨备覆盖率(2016年末商业银行拨备覆盖率为176.40%),缓解了商业银行清收处置压力。

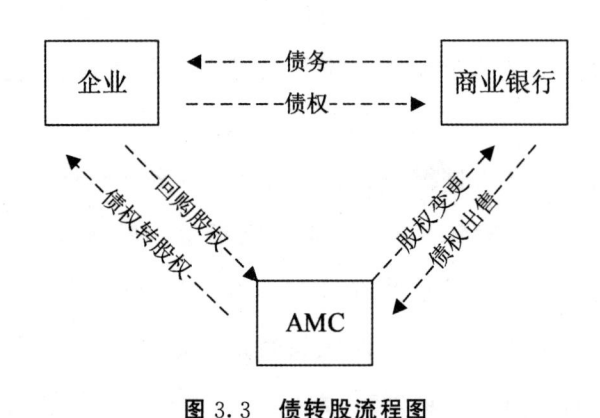

图 3.3 债转股流程图

3.2.2 非常规不良贷款处置方式

①资产证券化。第十二届全国人民代表大会第五次会议上,国务院总理李克强作政府工作报告明确指出需要推进资产证券化,资产证券化迎来井喷式发展。就商业银行不良资产证券化而言,发起人通过将自有不良资产所有权转让方式转让给特殊目的载体(SPV),SPV是以不良资产收益权为抵押,以未来现金流作为偿付基础向市场投资者发行可自由流通的证券。通常商业银行自己为发起人,由自身不良贷款资产构建资产池,或是通过AMC,由AMC接手商业银行不良贷款进行资产池的建设。资产证券化的方式将不具有流动性的不良贷款转为流动性相对较高的证券化资产,缓解了商业银行流动

性压力,降低了不良贷款率,同时改善了资本充足率。

②AMC 代持(卖出回购)。银行通过将不良资产打包出售给资产管理公司(AMC),并在未来承诺以一定价格回购该不良贷款。一般而言,银行通过对资产管理公司授信或对其发行的债券进行定向认购投放资金,AMC 用该笔资金购入银行不良信贷资产,同时银行与 AMC 签订一份抽屉协议,在未来某个约定时段银行将回购该笔不良资产。对于银行和资管公司而言均实现了出表,同时对银行而言也有效调控了一般风险准备计提账户的增加。由于该模式需与资管公司签订回购协议,而该回购协议一般都为抽屉协议,目前受到多项监管政策限制,该种模式被明令禁止。

3.3 处置前不良贷款率的计算

商业银行可以通过多种方式对其不良贷款进行处置,根据《商业银行信息披露办法》,监管单位要求商业银行对其不良贷款的期初数、期末数、本期处置数等进行披露,而未对其他处置方式的详细金额披露做要求。因此,通过商业银行公布的数据,我们很难知道处置之前的不良贷款率,而处置之前的不良贷款率是商业银行放款质量的最初始体现,具有很重要的理论和现实意义。为了更好地对商业银行的放款水平进行衡量,本章将尝试计算处置前不良贷款率的估计值。

参考沈中华[87],处置前不良贷款额(Npl_B)为处置后不良贷款额[①](Npl_A)与处置金额(Disposition)的加总。

$$\text{Npl\_B}_t = \text{Npl\_A}_t + \text{Disposition}_t \tag{3.2}$$

本期处置后不良贷款额为上期处置后不良贷款额(Npl_A$_{t-1}$)加上本期新增不良贷款额(New Npl)减去本期处置金额(Disposition$_t$)和由于贷款质量变

---

① 核销后不良贷款即商业银行报表上公布的不良贷款。为了与核销前不良贷款(NPL_B)进行区分,在下文中,一律将报表上公布的不良贷款称为核销后不良贷款(NPL_A)。

好从不良贷款转入正常类贷款和关注类贷款的金额（Recovery$_t$），

$$Npl\_A_t = Npl\_A_{t-1} + New\ Npl_t - Disposition_t - Recovery_t \quad (3.3)$$

在式(3.2)和式(3.3)中，Npl$\_$A$_t$、Npl$\_$A$_{t-1}$为已知，New Npl$_t$、Write off$_t$为未知。我们用贷款迁徙率计算 New Npl$_t$ 和 Disposition$_t$。根据贷款五级分类，贷款质量从好到坏可以被划分为五类：正常类、关注类、次级类、可疑类和损失类。本书认为，本期的新增不良贷款是上期正常类贷款或关注类贷款迁徙的结果，因为一笔贷款几乎不可能在投放当期就成为不良贷款，因此，新增不良贷款只能是正常贷款质量变差所形成的。因此，我们得出以下公式：

$$New\ Npl_t = M_{t,\ normal} + M_{t,\ mention} \quad (3.4)$$

其中，

$$\begin{aligned} M_{t,\ normal} &= MR_{t,\ normal} \times Normal_{t-1} \\ M_{t,\ mention} &= MR_{t,\ mention} \times Mention_{t-1} \end{aligned} \quad (3.5)$$

$M_{t,\ normal}$ 和 $M_{t,\ mention}$ 分别表示本期由正常类贷款和关注类贷款转为不良贷款的金额，$MR_{t,\ normal}$ 表示本期正常类贷款迁徙率，$MR_{t,\ mention}$ 表示本期关注类贷款迁徙率，Normal$_{t-1}$、Mention$_{t-1}$ 表示上一期正常类贷款余额和关注类贷款余额。

Normal$_{t-1}$ 与 MR$_{t,\ normal}$ 的乘积与 Mention$_{t-1}$ 与 MR$_{t,\ mention}$ 的乘积之和分别表示从正常类贷款向下迁徙到不良贷款的资金额度和从关注类贷款向下迁徙到不良贷款的资金额度。由于一笔贷款在第一期就变成不良贷款的概率很小，本研究将此类贷款忽略不计，因此一家银行每期新增不良贷款只能是正常类贷款和关注类贷款向下迁徙成不良贷款的结果，新增贷款额为正常类贷款向下迁徙的额度和关注类贷款向下迁徙的额度的总和。另外，因为从不良类贷款反向迁徙到正常类或关注类贷款的部分非常小，本书将上式中的 Recovery$_t$ 忽略不计。将式3.4结果代入式(3.3)，可求出处置金额(Disposition$_t$)，再将求得的处置金额(Disposition$_t$)代回式(3.2)，可求得处置前不良贷款额(Npl$\_$B$_t$)。至此，处置前不良贷款额(Npl$\_$B$_t$)求出。

$$Total\ loan_t^{adj} = Total\ loan_t - Npl\_A_t + Npl\_B_t \quad (3.6)$$

此时，商业银行贷款总额应根据处置前不良贷款余额进行相应的调整，如式(3.6)所示，调整后的贷款总额（Total loan$_t^{adj}$）为商业银行公布的贷款余额（Total loan$_t$）减去处置后不良贷款额（Npl _ A$_t$）加上处置前不良贷款额（Npl _ B$_t$）。

$$\text{Nplr}\_B_t = \frac{\text{Npl}\_B_t}{\text{Total loan}_t^{adj}} \qquad (3.7)$$

如式 3.7 所示，处置前不良贷款率（Nplr _ B$_t$）为处置前不良贷款额（Npl _ B$_t$）与调整后的贷款总额（Total loan$_t^{adj}$）的比。

3.4 处置前不良贷款率的特点

3.4.1 非公开性

不良贷款的处置方式包括不良贷款的重组、资产管理公司买断、核销、债转股、资产证券化、资产管理公司代持等，然而，根据《商业银行信息披露办法》要求，在这些处置方法中，监管单位仅仅要求了商业银行对其每期核销金额进行披露，对于其他处置方式金额的披露没有具体要求，因此可以说，处置前不良贷款率的数值是非公开的。处置前不良贷款率的非公开性包括不良贷款处置方法的非公开性和处置数额的非公开性。

3.4.2 全面性

处置前不良贷款率的数值既包括商业银行公布的不良贷款率，即处置后不良贷款率的大小，也包括通过各种方式处置了的不良贷款的金额；既可反映当期信贷资产的质量，也能与上期处置前不良贷款的数值相比较得出较真实的不良贷款的动态增量。与处置后不良贷款率不同，因为每一期商业银行都可以对其不良贷款进行处置，所以不仅其公布的现阶段不良贷款率不能全面地反映该银行真实的信贷管理水平，两期之间的差值也不能全面地反映新增不良贷款的数额。

3.4.3 波动性

从其数值的特征来讲，处置前的不良贷款率是一家商业银行放款质量最直接的反映，其大小会受到例如宏观经济发展状况、经济金融周期、银行自身特征等因素的直接影响，呈现波动性特征，而处置后的不良贷款率由于是商业银行经过处置后的值，为了体现银行自身优质而稳定的信贷资产管理水平，除非出现极端情况，其数值通常波动性比较小。

3.4.4 直观性

首先，处置前不良贷款率能够更准确地反映银行总体的贷款质量，把处置前不良贷款率和处置后不良贷款率联合来看，能更直观地反映出一笔不良贷款是否成为了不良贷款，这笔不良贷款最后进行了怎样的处置。其次，贷款质量的背后体现是一个银行授信团队的管理水平，通过处置前不良贷款率这个指标，可以看出商业银行贷款总额中不良贷款的比重，也就是银行投入产出的损失率，损失率越低，说明管理水平越好。相比各种信用风险预警模型，需要在保证保障指标数据真实有效的前提上，针对大量指标和数据进行计算后得到结果，处置前不良贷款率，处置前不良贷款率具有很强的直观性。

3.4.5 严格性

商业银行用处置前不良贷款率进行信用风险自我管理，监管单位用处置前不良贷款率对银行信用风险进行监管，实际上比用处置后不良贷款率进行自我管理和监管更加严格。用处置前不良贷款进行信用风险管理和监管能使商业银行从根本上提高信贷质量，提高信贷管理水平，而非在不良贷款如何处置上绞尽脑汁。

3.5 处置前与后不良贷款率的数值比较

由于非上市银行贷款迁徙率数据缺乏，本研究主要针对 25 家上市银行进行研究。图 3.4 所示为中国 25 家上市银行处置前与处置后不良贷款率对比图。从图中，我们可以看出：①从数值来看，处置前不良贷款率要显著高于处置前不良贷款率，其差值，即图中两线之间的距离即为处置的部分。中国银行、工商银行、农业银行、建设银行、交通银行五大国有行的处置前不良贷款率保持在 6% 以下，交通银行的处置前不良贷款率保持在 4.5% 以下。城市商业银行中，张家港银行和江阴银行的处置前不良贷款率分别在 2013 年和 2015 年接近过 20%，其他银行也基本保持了 6% 以下的水平。②从波动的角度来看，处置前不良贷款的波动性要明显高于处置后不良贷款的波动性。波动意味着风险，波动的大小也与该银行的风险关系水平息息相关。③从趋势上来看，处置前不良贷款率和处置后不良贷款率的趋势有相同的部分也有差异的部分。比如浦发银行，2016—2017 年其处置前不良贷款率已经开始呈现下降趋势，但是其处置后不良贷款率呈现出上升的趋势。吴江银行 2015—2017 年处置前不良贷款率在持续上升，但其公布的处置后不良贷款率有所下降。

一般情况下，监管单位、银行存款者对商业银行的信用风险进行直观评价都是利用的处置后不良贷款率这个指标，银行公布的不良贷款率也是处置后的不良贷款率，然而，处置前不良贷款率和处置后不良贷款率在数值上的大小差异、波动幅度上存在异同，在趋势上存在背驰，这些都大大增加了银行相关者了解银行真实信用风险水平的难度，使各主体没办法准确地识别信用风险，从而及时对银行面临的信用风险采取正确的管理措施。对于一个银行来讲，存款者是其最大的利益相关主体，银行信用风险的发生将对存款者产生最直接的影响。存款者通过处置后的不良贷款率来判断一个银行资产管理水平很有可能会得出与真实情况相悖的结论，进而误将其资金投入到某一个"低风险"的银行中,增加自己的资金风险。

因此,为了监管单位能够更好地对商业银行的信用风险进行评价,为了存款者能够更准确地判断一个银行的资产管理水平从而将自己的资金进行更优化的配置,在下文中,本研究将对处置前不良贷款率和处置后不良贷款率进行区分来验证处置前不良贷款率作为银行信用风险评价指标的优势。

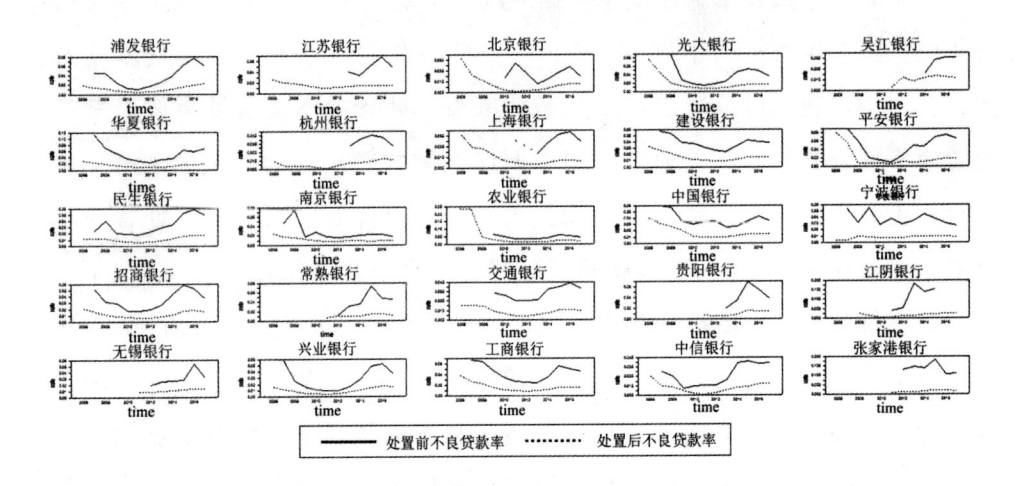

图 3.4 处置前与处置后不良贷款率对比图

第4章 基于倒闭风险视角的创新指标信用风险评价有效性研究

章格平[88]、彭莉[89]、刘宇琪[90]认为商业银行信用风险管理水平不仅关系到银行乃至整个金融体系的稳定性，也关系到自身效率的提高。因此，我们认为，作为银行信用风险的评价指标应该对商业银行的稳定性和效率都有显著的影响。本章的目的是研究基于倒闭风险视角的处置前不良贷款率对信用风险评价的有效性，所以，本章要研究的主要问题是验证处置前不良贷款率作为信用风险评价指标与商业银行倒闭风险之间的关系。为了验证相较于处置后不良贷款率，处置前不良贷款率衡量银行信用风险的优势，本章也会对处置后不良贷款率与银行倒闭风险的关系加以验证，并将其结果进行对比。本章采用随机效应模型来进行实证检验，并用两阶段最小二乘模型进行稳健性检验。本章的结论为商业银行各利益相关主体利用处置前不良贷款率对商业银行进行信用风险评价提供了理论和实证支持。

4.1 引　言

中国是一个以间接金融为主的国家，2016 年，中国间接融资增量占社会融资规模增量的比重高达85%以上[①]，商业银行贷款是间接融资的重要组成部分，因此，在中国，商业银行风险控制是关乎整个金融系统稳定的大问题。目前，各银行的不良贷款余额和不良贷款率呈"双升"趋势，信用风险加剧。从2012年起，中国银行业不良贷款率持续上升，2017年，银行业不良贷款率为1.74%，较2012年上涨83%，不良贷款余额为16 704亿元，为2012年不良贷款余额的3.38倍。过去，很多学者将不良贷款率作为信用风险管理水平的体现[94-95]。然而，商业银行公布的不良贷款是经过处置的不良资产，是经过"处理"后的数值，可能并不能全面真实地反映银行的信用风险，其作为信用风险评价指标的可行性有待进一步验证。Avery等人[1]认为不良贷款是事后存量指标，只能反映银行资产质量的某一方面，不能详尽地体现银行的表现。虽然有学者提出不良贷款率不能真实反映银行的信用风险，例如，熊利平等[8]认为根据贷款五级分类计算出的不良贷款率也包含了较大的主观成分，杨冰等[41]认为金融机构面对自上而下系统内、绩效考核和外部信息披露及监管压力，会使金融机构出现瞒报、不报、虚假反映贷款占用形态现象等，过去学者也没能提出更好的指标来代替不良贷款率。2014年中国财政部公布《金融企业呆账处置管理办法》进一步放宽了不良贷款处置管制，使得金融机构有更多的操作空间，同时也缩短了发生破产或清算后银行处置不良贷款的等待期。因此，我们在考虑商业银行不良贷款的影响时应该综合考虑处置的因素。本章的目的是研究基于倒闭风险视角的处置前不良贷款率对信用风险评价的有效性，所以，本章要研究的主要问题是验证处置前不良贷款率作为信用风险评价指标与商业银行倒闭风险之间的关系。为了验证相较于处置后不良贷款率，处置前不良贷款率衡量银行信用风险的优势，本章也会对处置后不良贷款率与银行倒闭风险的关系加以验证，并将其结果进行对比。

---

① 由中国银行业监督管理委员会公布数据计算得到，计算公式为：(人民币贷款＋外币贷款＋委托贷款＋信托贷款)/社会融资规模。

第4章 基于倒闭风险视角的创新指标信用风险评价有效性研究

4.2 理论基础及研究假说

金融脆弱性理论表明金融业高杠杆经营的特征决定其更易失败的本性,该理论为银行资本分类计提及处置监管提供了理论基础。Keeley[89]在文中指出银行从事高风险活动会增加其倒闭风险。Cypher[90]认为银行在追求利润最大化时会加大风险性业务比重,放宽贷款要求,从而导致金融系统的不稳定。一家银行从事高风险业务活动而导致其资不抵债的概率和其风险管理水平息息相关。

行为金融学理论认为人在不确定前提下会深受环境的影响,是有限理性、有限意志和有限自利的行为主体,即"羊群效应"。人们首先会对自身所处的环境做一个判断,当大多数人的判断一致时,剩下的人会产生"从众心理"。Friedman[93]将银行脆弱性的原因总结为流动性需求引起的危机时的取款冲动,从而引起挤兑,导致破产。当一家银行的信用风险处于相对高水平时,存款者就会出于维护自身财产安全的角度将存款转移到信用风险较低的银行。情况严重时,银行就会面临挤兑并最终导致破产。

信息经济学认为,信息不对称问题的存在不可避免地产生"道德风险"和"逆向选择"的问题。在银行的业务中,信息不对称表现既可以表现在银行与借款人之间,也可以表现在银行与存款人之间。银行是高杠杆的金融机构,吸引存款是商业银行运营和发展永恒不变的主题,商业银行可能会出于吸引存款避免挤兑的目的隐瞒自身的信用风险。根据行为金融学和信息经济学理论,如果一家银行信用风险很高,就可能出现存款者挤兑,那么商业银行就会出于利己的考虑对其不良贷款进行较大程度的处置。这样,监管者和存款者很难通过银行公布的不良贷款率来判断一个银行信用风险程度的好坏。所以本章认为,在"信息不对称"情况下,商业银行为了塑造一个完美的企业形象,会尽可能地"美化"其公布的财务数据,例如,尽量降低其公布的不良贷款率,尽量减少不良贷款率的波动。在这种情况下,处置前不良贷款率才能真正衡量商业银行的信用风险水平和信用风险管理能力,而商业银行公布的不良贷款率将不能再作为信用风险的评价指标反映银行真实的信用风险管理水平。由于一家银行的倒闭风险和信用风险管理能力息息相关,因此,作为信用风险最优的衡量指标应该更能够体现信用风险和倒闭风险之间的正相关关系。据此,本章提出研究假设1:

研究假说1:在当期,相比处置后不良贷款率,处置前不良贷款率作为信用风险评价指标对上市商业银行倒闭风险有更加显著的正向影响。

无论是处置前不良贷款率还是处置后不良贷款率的增加,个人存款者和机构存款者都会对其放款质量、管理水平以及企业成长产生质疑,随即对下一期是否继续存款在该银行产生犹豫。所以本书认为,在"羊群效应"的影响下,无论是处置前不良贷款率还是处置后不良贷款率都会对商业银行下一期的倒闭风险产生正向的影响。据此,本章提出研究假设2:

研究假说2:无论处置前不良贷款率还是处置后不良贷款率,对滞后一期的商业银行倒闭风险都有显著的正向影响。

股权理论认为银行的企业风险会受到银行股权结构的影响。Saunders[94]、Boyd[95]、Ferreira[96]、Laeven[97]等研究均认为所有权结构的差异会使银行的风险呈现差异化的特征。公共利益学说认为,政府持股银行会站在宏观调控的角度把资产配置到更加利国利民的长期战略性的项目上,更有利于持续吸纳存款,控制银行风险。牛丽娟[98]认为,政府为第一大股东时能够提供更好的投资渠道,从而降低银行风险。周开国[99]也发现,就发展中国家而言,政府控股会使银行的风险降低。根据股权理论,国有大型商业银行不仅能够提供更好的投资渠道,而且政府持股银行会站在宏观调控的角度把资产配置到更加利国利民的长期战略性的项目上,更有利于持续吸纳存款,这都会起到控制银行风险的作用。我国五个大型国有银行,代表中国金融界最雄厚的资本和实力,其决策不仅仅关系到自身的发展,也关系到整个金融系统,乃至中国经济的健康平稳运行。"千里之堤毁于蚁穴",由于五大行规模巨大,一个小的决策覆盖范围都会非常广,所以其做决策时将会更加审慎。据此,本章提出研究假说3:

研究假说3:五个大型国有商业银行的倒闭风险低于其他上市商业银行的

第 4 章　基于倒闭风险视角的创新指标信用风险评价有效性研究

倒闭风险，并且五大行的倒闭风险对于处置前不良贷款率的敏感性要高于其他上市商业银行。

4.3　研究设计

4.3.1　数据来源

本章选取 2006—2017 年中国 25 家上市商业银行为研究样本。由于贷款迁徙率数据的公开性有限，所以本章只收集了 25 家上市商业银行的样本信息，得到 2006—2017 年的非平衡面板数据。这 25 家上市银行中包括国有大型上市商业银行 5 家，全国性股份制上市商业银行 8 家，上市城市商业银行 12 家，另外，这 25 家上市商业银行占我国商业银行资产总额的比重很大，具有很好的代表性。

本书银行层面的数据来自 Wind 数据库。作为中国领先的金融数据库，在金融财经数据领域，Wind 已建成国内完整、准确的以金融证券数据为核心一流的大型金融工程和财经数据仓库，具有较强的权威性，能够较好地反映中国上市商业银行的发展情况。本书宏观层面的数据，取自中国国家统计局网站。

4.3.2　变量界定和模型设定

4.3.2.1　被解释变量

本书借鉴 Roy[100]、Hannan 等[101]、Boyd 等[102]、Nicolo（2000）[103]、Beck 等[104]等文献中的做法，采用 Z-score 来衡量上市商业银行的倒闭风险。Z-score 的计算方法如下：

$$Z\text{-score} = \frac{\mu_{ROA} + E/A}{\sigma_{ROA}} \quad (4.1)$$

其中 μ 和 σ 分别代表资产收益率（ROA）的期望和标准差，E 表示银行权益资产，A 表示银行总资产，E/A 为银行权益资产比。本书借鉴以往文献的方法，μ 和 σ 采用 3 期移动平均来进行计算。Z-score 的大小与银行的倒闭风险呈反向关系，Z-score 越大，表明其破产风险越小。

4.3.2.2 解释变量

主要解释变量为处置前不良贷款率以及处置后不良贷款率，表示五大行的虚拟变量，分别用 Nplr_B，Nplr_A，Bigfive 表示。将上章中处置前不良贷款率的计算公式整合，得出式（4.2）与式（4.3）。其中 Npl_{t-1}、Npl_t 分别为上期和本期报表上公布的不良贷款额，$\mathrm{MR}_{t,\,normal}$ 表示本期正常类贷款迁徙率，$\mathrm{MR}_{t,\,mention}$ 表示本期关注类贷款迁徙率，Normal_{t-1}、$\mathrm{Mention}_{t-1}$ 表示上一期正常类贷款余额和关注类贷款余额，$\mathrm{Total\ loan}_t$ 表示本期银行公布的贷款总额。

$$\mathrm{Npl\_B}_t = \mathrm{Npl\_A}_{t-1} + \mathrm{MR}_{t,\,normal} \times \mathrm{Normal}_{t-1} + \mathrm{MR}_{t,\,mention} \times \mathrm{Mention}_{t-1} \tag{4.2}$$

其中，

$$\mathrm{Nplr\_B}_t = \frac{\mathrm{Npl\_B}_t}{\mathrm{Total\ loan}_t - \mathrm{Npl\_A}_t + \mathrm{Npl\_B}_t} \tag{4.3}$$

处置后不良贷款率为各商业银行报表上公布的不良贷款率。中国五大银行业务涵盖面广泛、多元，它们代表了中国银行业最雄厚的实力和资本，其经营效果的好坏关系到整个金融系统乃至整个国家经济的正常发展。因此，本章还将设置一个虚拟变量（Bigfive），中国工商银行、交通银行、中国农业银行、中国建设银行、中国银行为 1，其他上市商业银行为 0，该虚拟变量及其与处置前、后不良贷款率的交乘项的设置，旨在将五大行作为一个独立的主体去探究五大行的倒闭风险，研究五大行处置前不良贷款与处置后不良贷款率的变化对其倒闭风险的影响，以及五大行与其他上市银行的倒闭风险对处置前、后不良贷款率敏感性的差异。

4.3.2.3 控制变量

借鉴以往的研究，本章在研究时，还加入了部分控制变量，主要包括：存贷比（Deloan）、贷款损失准备充足率（LLAR）、GDP 增长率（GDP）以及广义货币增长率（M2）。本章研究所用变量及计算方法如表 4.1 所示。

第4章 基于倒闭风险视角的创新指标信用风险评价有效性研究

表 4.1 主要变量定义及测度

变量类型	变量名称	变量符号	变量定义
被解释变量	商业银行倒闭风险	Z-socre	(资产收益率的期望+银行权益资本比)/资产收益率的方差
解释变量	处置后不良贷款率	Nplr_A	银行公布的不良贷款占贷款总额的额
	处置前不良贷款率	Nplr_B	计算得到的处置前不良贷款占贷款总额的比
	虚拟变量(五大行)	Bigfive	工商银行、农业银行、中国银行、建设银行、交通银行为1,其他银行为0
控制变量	存贷比	Deloan	存款总额与贷款总额的比
	贷款损失准备充足率	LLAR	贷款减值准备/贷款应提准备
	GDP增长率	GDP	GDP年度增长率
	广义货币增长率	M2	M2增长率

4.3.2.4 实证模型设定

为检验本章的研究假设,本章研究设置模型如式(4.4)所示。经过豪斯曼(Hausman)检验,本书将采用随机效应模型来对方程系数进行估计,式中系数的 β_1 大小及显著程度是本书关注的重点。此外,为了避免不同上市银行的随机扰动可能存在相关性,本章研究还对回归方程中的标准误进行了 cluster 处理。本章研究的实证分析均采用 Stata13.0 软件完成。

$$\text{Z-score}_{it} = \beta_0 + \beta_1 \text{Nplr}_{it} + \beta_2 \text{Bank}_{it} + \beta_3 \text{Macro}_t + \varepsilon_{it} \qquad (4.4)$$

为了更完整地看出处置前不良贷款率和处置后不良贷款率对银行倒闭风险的影响,本书还将进一步考察处置前不良贷款率和处置后不良贷款率对滞后一期银行倒闭风险的影响。如式(4.5)所示。

$$\text{Z-score}_{i,t+1} = \beta_0 + \beta_1 \text{Nplr}_{it} + \beta_2 \text{Bank}_{it} + \beta_3 \text{Macro}_t + \varepsilon_{it} \qquad (4.5)$$

其中,下标 i 和 t 表示第 i 家银行和第 t 年。Nplr 包括处置前不良贷款率 Nplr_B 和处置后不良贷款率 Nplr_A。Bank 表示影响银行稳定性的银行控制变量:存贷比(Deloan)和贷款损失准备充足率(LLAR);Macro 表示宏观变量,包括 GDP 增长率和 M2 增长率；β_0 和 ε 分别表示截距项和残差项。

4.4 描述性统计

表 4.2 所示为相关变量的描述性统计，分别显示了本章研究中上市商业银行相关变量以及宏观经济变量的名称、样本数、均值、标准差等信息。从表 4.2 中可以发现，上市商业银行的处置前不良贷款率均值为 4.13，标准差为 2.766，处置后不良贷款率的均值为 1.569，标准差为 2.090。处置前不良贷款率的无论绝对值还是波动都要远远大于处置后不良贷款率。另外，衡量商业银行倒闭风险的 Z-score，其最小值为 0.85，最大值为 70.98，说明受某些因素影响，不同银行间或者同一银行的不同时间点倒闭风险差异很大。其他变量的基本统计量不再一一赘述。

表 4.2 变量统计描述

变量名称	样本数目	均值	标准差	最小值	最大值
被解释变量					
Z-score	288	12.189 0	10.906 0	0.850 0	70.980 0
解释变量					
Nplr_B	216	4.130 0	2.766 0	0.850 0	18.530 0
Nplr_A	273	1.569 0	2.090 0	0.330 0	23.500 0
Bigfive	300	0.200 0	0.401 0	0.000 0	1.000 0
控制变量					
Deloan	289	68.526 0	8.562 0	38.970 0	105.160 0
LLAR	248	455.117 0	203.666 0	106.900 0	1 142.510 0
GDP	300	9.060 0	2.298 0	6.700 0	14.200 0
M2	300	15.401 0	4.767 0	8.200 0	27.700 0

第 4 章 基于倒闭风险视角的创新指标信用风险评价有效性研究

图 4.1 所示的是上市商业银行年平均处置前不良贷款率、处置后不良贷款率和 Z-score 的走势图。从图中可以看出，不论是处置前不良贷款率还是处置后不良贷款率，从 2008—2011 年一直处于下降的趋势中。同时从图中也可以看出，代表银行倒闭风险的 Z-score 从 2009 年开始逐渐上升，在 2014 年达到顶峰，波动比较大。另外，处置前不良贷款率在波动上明显大于处置后不良贷款率，其与 Z-score 的反向关系更加明显。

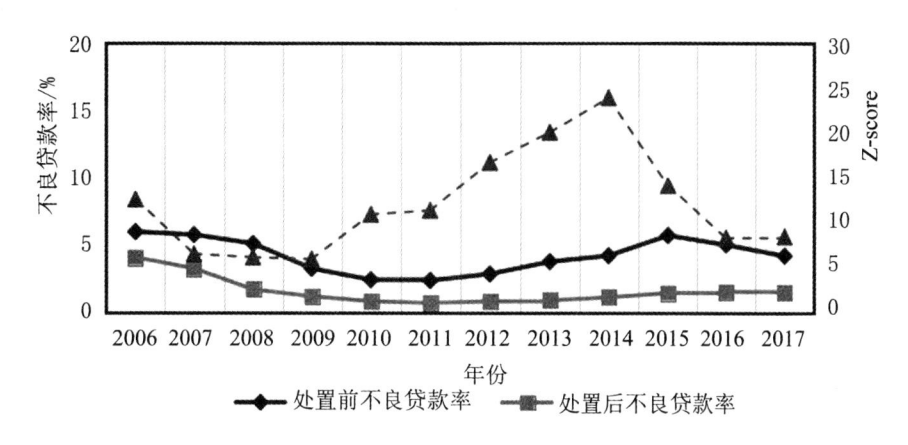

图 4.1 2006—2017 年中国上市商业银行不良贷款率与倒闭风险均值变动情况

如图 4.2 所示，将所有上市商业银行样本分为五大行和其他上市商业银行来进行统计，从图中可以看出无论是五大行还是其他上市商业银行，其处置前不良贷款率都高于处置后不良贷款率，但在五大行中，两类不良贷款率的差距更小。这可能是由于五大行作为国有大型商业银行，其监管更加严格所致。

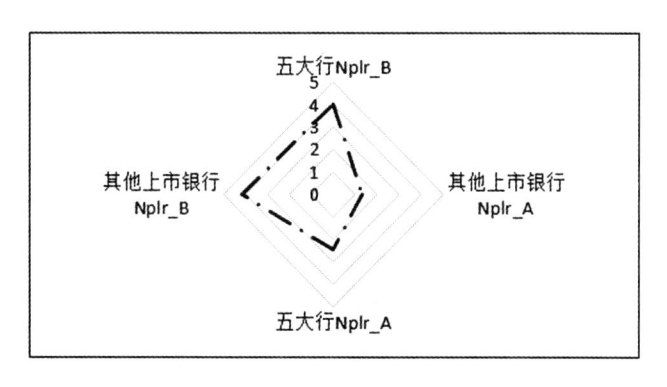

图 4.2 五大行与其他上市银行的不良贷款比较

本节还报告了表4.2中主要变量的Pearson相关系数,如表4.3所示。从排版的简洁性考虑,未显示各变量相应的显著水平,从表中可以看出,各变量之间的大都处于0.6以下,不存在回归结果中的多重共线性问题。主要解释变量Nplr_B、Nplr_A、Bigfive与被解释变量Z-score的相关系数分别是−0.1822,−0.1235,0.1215,并且在0.0073,0.0426,0.0393的水平上显著,符合本章中前文的预期假设。控制变量中,存贷比(Deloan)、贷款损失准备充足率(LLAR)与Z-score呈正相关关系,GDP增长率(GDP)、广义货币增长率(M2)与Z-score呈负相关关系。其他变量的互相之间的相关系数不再一一赘述。

表4.3 主要变量的Pearson相关系数

	Z-score	Nplr_B	Nplr_A	Deloan	LLAR	Bigfive	GDP
Z-score	1						
Nplr_B	−0.1822	1					
Nplr_A	−0.1235	0.5198	1				
Deloan	−0.0316	0.0944	0.0446	1			
LLAR	0.2053	−0.2094	−0.5484	−0.2657	1		
Bigfive	0.1215	−0.0243	0.2216	−0.1362	−0.2403	1	
GDP	−0.1970	−0.0422	0.3076	−0.2039	−0.3626	0.0000	1
M2	−0.1966	−0.1121	−0.0431	−0.1590	−0.2252	0.0000	0.4598

4.5 实证结果与分析

为了验证基于倒闭风险的处置前不良贷款信用风险评价的有效性和优势,本节将分别用处置前不良贷款率和处置后不良贷款率对当期Z-score及滞后一期的Z-score进行回归,估计结果如表4.4、表4.5、表4.6、表4.7所示。每个表格的第1列为解释变量与被解释变量的基本估计结果,第2列和第3列为加入了银行内部控制变量后的估计结果,第4列和第5列为加入了虚拟变

第4章 基于倒闭风险视角的创新指标信用风险评价有效性研究

量和交乘项之后的估计结果。因为银行的倒闭风险必然会受到宏观经济因素的影响，所以在第 1 列至第 5 列的估计中都加入了宏观经济变量作为控制变量。

表 4.4 为处置前不良贷款率与 Z-score 的回归结果，结果显示，银行的倒闭风险对处置前不良贷款率(Nplr_B)有较强的敏感性，处置前不良贷款率(Nplr_B)对 Z-score 的影响的估计系数均为负，并且显著。这说明，处置前不良贷款率(Nplr_B)的增加会显著降低 Z-score 的值，由于 Z-score 与商业银行的倒闭风险成反比，所以，处置前不良贷款率(Nplr_B)越高，银行的倒闭风险越大。从虚拟变量五大行(Bigfive)与其和处置前不良贷款率的交乘项的估计结果来看，五大行的倒闭风险要显著低于其他上市商业银行的倒闭风险，另外，交乘项的系数也为负，当 Bigfive＝1 时，即当一家银行是五大国有上市商业银行之一时，处置前不良贷款率对 Z-score 的影响系数的绝对值更大，这说明，五大行的倒闭风险对处置前不良贷款率的敏感性更大。五大行的处置前不良贷款率增加 1％，其倒闭风险会比其他上市商业银行多增加 2.448％个百分点。

从控制变量的情况来看，存贷比(Deloan)和 Z-score 并没有显著的关系，这也从信用风险监管的角度说明了 2015 年《中华人民共和国商业银行法修正案(草案)》中删除贷款余额与存款余额比例不得超过 75％的规定的正确性。另外，贷款损失准备充足率(LLAR)与 Z-score 呈显著的正相关关系，说明贷款损失准备充足率(LLAR)越大，商业银行的倒闭风险越小。贷款损失准备充足率为贷款实际计提准备与应提准备之比，该指标越大说明银行应对贷款损失的能力越强，因此遭到挤兑或其他极端情况时，其倒闭风险越小。从宏观经济变量的结果来看，GDP 增长率(GDP)和广义货币增长率(M2)皆与 Z-score 呈现负相关关系，这说明 GDP 增速越快、M2 增长率越高，银行的风险越大，这可能是 GDP 增速变快，广义货币供应量增长率变高时，银行业务量大，从而对风险管控有所放松所导致的。

表4.4 处置前不良贷款率与 Z-score 的回归结果

变量	(1) Z-score	(2) Z-score	(3) Z-score	(4) Z-score	(5) Z-score
Constant	27.49***	35.69***	23.88**	14.82	17.96*
	(7.248)	(4.049)	(2.300)	(1.480)	(1.706)
Nplr_B	−0.842***	−0.803**	−0.654**	−0.593**	−0.505*
	(−2.593)	(−2.501)	(−2.321)	(−2.245)	(−1.836)
Deloan		−0.110	−0.0495	0.0136	−0.0279
		(−1.132)	(−0.504)	(0.145)	(−0.288)
LLAR			0.008 69*	0.012 9***	0.011 2**
			(1.924)	(2.677)	(2.229)
Bigfive				6.353***	15.68**
				(3.330)	(2.538)
Bigfive×Nplr_B					−2.448*
					(−1.861)
GDP	−0.818***	−0.870***	−0.678**	−0.572*	−0.492*
	(−3.136)	(−3.282)	(−2.266)	(−1.908)	(−1.728)
M2	−0.294***	−0.312***	−0.211*	−0.195*	−0.226**
	(−4.117)	(−3.815)	(−1.844)	(−1.863)	(−2.152)
Observations	216	216	207	207	207
R−sq	0.089	0.093	0.11	0.39	0.37

注：(1)括号内为 Z-score 值；

(2)***，**和*分别表示1%，5%和10%的显著性水平下显著。

表4.5所示为处置前不良贷款率与滞后一期 Z-score 的回归结果，结果显示，处置前不良贷款率(Nplr_B)对下一期的 Z-score 在1%的显著水平下呈负向关系，且其回归系数均高于表4.4中处置前不良贷款率(Nplr_B)与当期 Z-score 的回归系数，这说明处置前不良贷款率越高，商业银行下一期的倒闭风险越大，处置前不良贷款率对银行的倒闭风险有很好的预警作用。从五大行(Bigfive)与处置前不良贷款率(Nplr_B)交乘项的估计结果来看，估计系数显著为负，当五大行(Bigfive)为1时，处置前不良贷款率(Nplr_B)系数的绝

第4章 基于倒闭风险视角的创新指标信用风险评价有效性研究

对值比表 4.4 中的更大,这说明,相比于其他上市商业银行,五大行的处置前不良贷款率上升一个单位,对于该银行下一期的倒闭风险的影响更大。

另外,贷款损失准备充足率(LLAR)与 Z-score 呈显著的正相关关系,说明贷款损失准备充足率(LLAR)越大,商业银行下一期的倒闭风险越小。从宏观经济变量的结果来看,GDP 增长率(GDP)和广义货币增长率(M2)皆与滞后一期 Z-score 呈现负相关关系,这说明 GDP 增速越快、M2 增长率越高,银行风险越大。

表 4.5 处置前不良贷款率与滞后一期 Z-score 的回归结果

变量	(1) $Z\text{-score}_{t+1}$	(2) $Z\text{-score}_{t+1}$	(3) $Z\text{-score}_{t+1}$	(4) $Z\text{-score}_{t+1}$	(5) $Z\text{-score}_{t+1}$
Constant	29.23***	32.80***	7.589	−3.335	3.979
	(8.765)	(4.065)	(0.695)	(−0.315)	(0.360)
Nplr_B	−1.442***	−1.411***	−1.159***	−1.039***	−0.887***
	(−3.607)	(−3.560)	(−4.382)	(−4.367)	(−3.930)
Deloan		−0.0524	0.0988	0.173*	0.0761
		(−0.535)	(0.914)	(1.886)	(0.781)
LLAR			0.0179***	0.0228***	0.0192***
			(2.843)	(3.456)	(2.822)
Bigfive				8.499***	24.92***
				(4.666)	(4.924)
Bigfive×Nplr_B					−4.355***
					(−4.246)
GDP	−0.712***	−0.727**	−0.231	−0.128	−0.004 48
	(−2.645)	(−2.449)	(−0.709)	(−0.402)	(−0.014 2)
M2	−0.276**	−0.272*	−0.195	−0.175	−0.210
	(−1.996)	(−1.948)	(−0.919)	(−0.846)	(−1.005)
Observations	192	192	183	183	183
R-sq	0.17	0.16	0.22	0.39	0.41

注:(1)括号内为 Z-score 值;

(2)***,** 和 * 分别表示 1%、5% 和 10% 的显著性水平下显著。

表 4.6 所示为处置前不良贷款率(Nplr_A)与 Z-score 的回归结果，结果显示，处置后不良贷款率(Nplr_A)与银行倒闭风险的关系并不稳定，并且在大多数情况下都不显著。将所有虚拟变量、交乘项、银行内部控制变量和宏观控制变量加入到模型中，从第 5 列的回归结果来看，处置后不良贷款率(Nplr_A)对商业银行的倒闭风险的影响并不显著，然而，交乘项的估计系数显著为负，这说明，五大行的处置后不良贷款率(Nplr_A)对倒闭风险有显著的正向影响，处置前不良贷款率(Nplr_A)增加 1 个百分点，五大行的倒闭风险将至少增加 4.99 个百分点。从监管的角度来看，用处置后不良贷款率，即银行公布的不良贷款率，来对商业银行的信用风险进行监管，仅对五大行有效。这可能是五大行作为国有大型商业银行，其对不良贷款处置的管理更加严格，信息披露更加准确所造成的。这样的估计结果说明，用处置后不良贷款率作为信用风险监管的指标并不是完全有效的。

表 4.6 处置后不良贷款率与 Z-score 的回归结果

变量	(1) Z-score	(2) Z-score	(3) Z-score	(4) Z-score	(5) Z-score
Constant	22.36***	30.94***	28.15***	21.32***	22.69***
	(7.399)	(3.870)	(3.590)	(2.725)	(2.598)
Nplr_A	−0.646	−0.616	−2.386*	−2.500*	−1.635
	(−1.544)	(−1.492)	(−1.842)	(−1.816)	(−1.545)
Deloan		−0.115	−0.0924	−0.0404	−0.0874
		(−1.161)	(−1.010)	(−0.448)	(−0.902)
LLAR			0.00342	0.00588	0.00572
			(0.801)	(1.310)	(1.253)
Bigfive				5.331***	12.88***
				(2.760)	(4.671)
Bigfive×Nplr_A					−4.990***
					(−3.444)
GDP	−0.476	−0.527	−0.214	−0.104	0.0323
	(−1.428)	(−1.598)	(−0.618)	(−0.301)	(0.0924)

续表

变量	(1) Z-score	(2) Z-score	(3) Z-score	(4) Z-score	(5) Z-score
M2	−0.318***	−0.337***	−0.373***	−0.356***	−0.374***
	(−4.289)	(−4.166)	(−3.609)	(−3.505)	(−3.565)
Observations	270	268	245	245	245
R−sq	0.067	0.07	0.09	0.21	0.16

注:(1)括号内为 Z-score 值;

(2)***,** 和 * 分别表示 1%,5% 和 10% 的显著性水平下显著。

表 4.7 所示为处置前不良贷款率(Nplr_A)与滞后一期 Z-score 的回归结果,结果显示,处置后不良贷款率对滞后一期的 Z-score 在 5% 以上的显著水平下,呈负向的影响,其显著性弱于表 4.6 中处置前和不良贷款率(Nplr_B)对滞后一期 Z-score 的回归中 1% 以下的显著水平。另外,五大行的处置后不良贷款率(Nplr_A)与该银行下一期的倒闭风险也呈现显著的正相关关系。

表 4.7 处置后不良贷款率与滞后一期 Z-score 的回归结果

变量	(1) $Z\text{-score}_{t+1}$	(2) $Z\text{-score}_{t+1}$	(3) $Z\text{-score}_{t+1}$	(4) $Z\text{-score}_{t+1}$	(5) $Z\text{-score}_{t+1}$
Constant	23.49***	27.00***	9.024	0.369	3.854
	(8.930)	(3.624)	(1.055)	(0.045 8)	(0.413)
Nplr_A	−0.857*	−0.847*	−2.522**	−2.657*	−1.768*
	(−1.948)	(−1.954)	(−1.975)	(−1.936)	(−1.831)
Deloan		−0.050 1	0.044 9	0.113	0.037 5
		(−0.501)	(0.435)	(1.306)	(0.360)
LLAR			0.0155**	0.0182***	0.0177***
			(2.437)	(2.878)	(2.819)
Bigfive				7.969***	15.86***
				(4.295)	(6.506)

续表

变量	(1) Z-score$_{t+1}$	(2) Z-score$_{t+1}$	(3) Z-score$_{t+1}$	(4) Z-score$_{t+1}$	(5) Z-score$_{t+1}$
Bigfive×Nplr_A					−5.279***
					(−4.349)
gdp	−0.722***	−0.730***	−0.004 95	0.104	0.230
	(−3.032)	(−2.819)	(−0.017 3)	(0.373)	(0.827)
M2	−0.207*	−0.208*	−0.195	−0.175	−0.187
	(−1.702)	(−1.697)	(−1.125)	(−1.027)	(−1.068)
Observations	248	246	222	222	222
R-sq	0.10	0.10	0.20	0.22	0.23

注：(1)括号内为 Z-score 值；

(2)***，**和*分别表示1%，5%和10%的显著性水平下显著。

4.6 稳健性检验

为了避免由于遗漏变量等因素导致的内生性使回归结果发生偏误，本节对上节中针对处置前不良贷款率得出的结论进行稳健性检验。本节选用滞后一期到二期的处置前不良贷款率作为工具变量，并用两阶段最小二乘模型（2SLS）进行稳健性检验，结果如表4.8、表4.9所示。

表4.8和表4.4的结果基本一致，由表4.8可以看出，处置前不良贷款率(Nplr_B)与当期商业银行的倒闭风险呈显著的正向关系，从虚拟变量Bigfive和交乘项的系数来看，五大行的倒闭风险要显著低于其他上市商业银行的倒闭风险，五大行的倒闭风险对处置前不良贷款率的敏感性更大。

表 4.8 两阶段最小二乘回归结果

变量	(1) $Z\text{-score}_t$	(2) $Z\text{-score}_t$	(3) $Z\text{-score}_t$	(4) $Z\text{-score}_t$	(5) $Z\text{-score}_t$
Constant	41.34***	45.26***	42.06***	32.62***	36.21***
	(5.513)	(4.312)	(3.637)	(2.840)	(3.043)
Nplr_B	−1.990***	−1.966***	−2.008***	−1.866***	−1.848***
	(−4.557)	(−4.558)	(−4.481)	(−4.231)	(−4.266)
Deloan		−0.055 2	−0.021 9	0.054 3	0.033 3
		(−0.642)	(−0.252)	(0.623)	(0.380)
LLAR			0.000 873	0.007 56	0.006 44
			(0.163)	(1.333)	(1.121)
Bigfive				6.882***	15.90**
				(2.789)	(2.282)
Bigfive×Nplr_B					−2.490
					(−1.527)
GDP	−2.481***	−2.482***	−2.653***	−3.008***	−3.275***
	(−2.669)	(−2.676)	(−2.672)	(−3.169)	(−3.312)
M2	−0.033 3	−0.042 7	0.114	0.210	0.242
	(−0.184)	(−0.239)	(0.486)	(0.940)	(1.090)
Observations	165	165	159	159	159
R-sq	0.01	0.02	0.01	0.09	0.09

注:(1)括号内为 Z-score 值;

(2)***,**和*分别表示 1%,5%和 10%的显著性水平下显著。

表 4.9 和表 4.5 的结果基本一致,由表 4.9 可以看出,处置前不良贷款率(Nplr_B)与下一期商业银行的倒闭风险呈显著的正向关系,从交乘项的系数来看,相比于其他上市商业银行,五大行下一期的倒闭风险对处置前不良贷款率的敏感性更大。这更加说明了处置前不良贷款率对商业银行有很好的信用风险预警效果。

表4.9 滞后项最小二乘模型的回归结果

变量	(1) Z-score$_{t+1}$	(2) Z-score$_{t+1}$	(3) Z-score$_{t+1}$	(4) Z-score$_{t+1}$	(5) Z-score$_{t+1}$
Constant	23.74***	26.35***	8.686	−5.634	4.300
	(3.310)	(2.665)	(0.868)	(−0.615)	(0.436)
Nplr_B	−1.479***	−1.477***	−1.32***	−1.199***	−1.200***
	(−4.855)	(−4.825)	(−5.323)	(−4.544)	(−4.794)
Deloan		−0.0360	0.0907	0.216**	0.150
		(−0.356)	(0.895)	(2.094)	(1.449)
LLAR			0.0136**	0.0235***	0.0203***
			(2.101)	(3.391)	(2.957)
Bigfive				9.166****	29.86***
				(3.565)	(2.834)
Bigfive×Nplr_B					−5.820**
					(−2.344)
GDP	0.342	0.321	0.206	−0.406	−1.079
	(0.294)	(0.279)	(0.159)	(−0.301)	(−0.754)
M2	−0.417	−0.413	−0.230	−0.0421	0.0681
	(−1.550)	(−1.557)	(−0.673)	(−0.122)	(0.190)
Observations	141	141	135	135	135
R−sq	0.11	0.11	0.15	0.23	0.28

注:(1)括号内为Z-score值;

(2)***,**和*分别表示1%,5%和10%的显著性水平下显著。

综合本节所述,为避免内生性偏误,本节用两阶段最小二乘法进行稳健性检验,检验结果仍然表明,处置前不良贷款率对商业银行当期和下一期的倒闭风险有显著的正相关关系,证明商业银行在对倒闭风险衡量和预警方面的有效性,进而证明处置前不良贷款率在银行信用风险评价上的有效性。稳健性检验的结论与上节中的实证结论基本一致,证明我们得出的结论是比较稳健的。

第4章 基于倒闭风险视角的创新指标信用风险评价有效性研究

4.7 本章小结

本章在前人的理论基础和实证结论上，提出了三个假设：①在当期，相比处置后不良贷款率，处置前不良贷款率作为信用风险评价指标对上市商业银行倒闭风险有更加显著的正向影响；②无论处置前不良贷款率还是处置后不良贷款率，对滞后一期的商业银行倒闭风险都有显著的正向影响；③五个大型国有商业银行的倒闭风险低于其他上市商业银行的倒闭风险，并且五大行的倒闭风险对于处置前不良贷款率的敏感性要高于其他上市商业银行。为了验证这三个假设，本章设计实证使用2006—2017年的中国A股上市商业银行数据，利用面板数据随机效应模型对实证结果进行估计，并采用两阶段最小二乘模型对实证结果进行稳健性检验。

本章的主要结论有：①处置前不良贷款率是最原始的贷款质量好坏的体现，能够更好地衡量银行信用风险。处置前不良贷款率与商业银行当期倒闭风险有显著的正相关关系，而处置后不良贷款率和商业银行当期倒闭风险的关系并不显著；无论是处置前不良贷款率还是处置后不良贷款率，对商业银行下一期的倒闭风险都有显著的正向影响。②五个国有大型商业银行的倒闭风险低于其他上市商业银行，但是五大行的倒闭风险对于处置前不良贷款率的敏感性要高于其他上市商业银行；处置后不良贷款率对商业银行当期倒闭风险产生影响仅仅局限于对五大国有大型商业银行。③存贷比对商业银行的倒闭风险没有显著的影响，而贷款损失准备充足率越高，商业银行的倒闭风险越小。从宏观经济因素来看，GDP增长率和广义货币增长率越大，商业银行的倒闭风险越大。

本章的研究意义和启示在于：①过去，对银行信用风险进行评价时往往采用处置后不良贷款率进行评价，本书对处置后不良贷款率进行改进，提出并计算一个新的信用风险评价指标：处置前不良贷款率。通过实证检验，本章基于倒闭风险的视角证明了处置前不良贷款率作为信用风险衡量指标的有效性。通过与处置后不良贷款率和倒闭风险关系的实证结果进行比较,本章还证明了对比处置后不良贷款率,处置前不良贷款率作为信用风险评价指标更胜一筹。②本章对五大行倒闭风险对处置前不良贷款率的敏感性进行研究,证明相比其他上市商业银行,五大行的倒闭风险对处置前不良贷款率更加敏感。因此,监管单位在制定相关政策时,应该着重考虑预防和监管五大行的风险,以更好地维持金融系统的稳定和国民经济的平稳、健康发展。

第 5 章　基于效率视角的创新指标信用风险评价有效性研究

章格平[88]、彭莉[89]、刘宇琪[90]认为商业银行信用风险管理水平不仅关系到银行乃至整个金融体系的稳定性，也关系到自身效率的提高。因此，作为银行信用风险的评价指标应该对商业银行的稳定性和效率都有显著的影响。第 4 章从稳定性的角度验证了处置前不良贷款率对信用风险评价的有效性。本章的目的是研究基于效率视角的处置前不良贷款率对信用风险评价的有效性。本章要研究的主要问题是验证处置前不良贷款率作为信用风险评价指标与商业银行效率之间的关系。为了验证相较于处置后不良贷款率，处置前不良贷款率衡量银行信用风险的优势，本章也会对处置后不良贷款率与银行效率的关系加以验证，并将其结果进行对比。本章采用随机效应模型来进行实证检验，并在进行稳健性检验时排除了金融危机对估计的影响。本章的结论为监管单位利用处置前不良贷款率对商业银行效率进行监管提供了理论和实证支持。

5.1　理论分析

商业银行是我国金融系统中非常重要的组成部分，其目标和其他金融或非金融企业一样，是在保证风险的前提下，实现利润最大化。商业银行在实现其资源优化配置的过程中，其效率就是其竞争力的体现。利润和风险是任何企业发展都要面临的两大主题,几大金融危机的爆发都曾经给金融机构乃至全世界各经济体造成了巨大的负面影响。对于商业银行来讲,其面临的最基本的风险就是信用风险,信用风险势必对银行效率造成影响。如何更好地评价和衡量商业银行的信用风险,进而更好地对商业银行的信用风险以及其效率波动进行监管,是亟待解决的重要问题。

5.1.1 商业银行效率的含义

一般而言,效率是指在经营过程中投入与产出之间的对应关系,从微观角度而言,判断一家企业效率与否是指其能不能在投入一定时实现最大化产出或者在产出一定时实现最小化投入。从宏观角度而言,一个经济体效率与否就是指在这个经济体内是否实现了资源的优化配置,以及其是否能满足社会和人们的生活发展需求。

商业银行是经济活动中一个很重要的微观主体,从微观角度来讲,银行效率是指银行在经营过程中投入与产出之间的相对关系。具体而言,银行效率是在保持其风险可控的前提下,实现银行内部资源优化配置进而实现可持续发展的能力。银行效率是银行综合经营状态的反映,既能反映财务报表上可见的业绩,也能反映一家银行内在的管理和经营水平,是一个综合性的评价指标。

5.1.2 商业银行效率的分类

根据学者们的研究目的和选择的投入、产出项目的不同,银行有很多种定义和分类的方法。例如,Farrell[105]将效率分为配置效率、规模效率、纯技术效率等,这种分类方法多为采用非参数估计方法的学者们所用;Berger等[106]把效率分为替代利润效率、标准利润效率和成本效率三种;还有一些学者根据Leibenstein[107]的X效率理论计算出商业银行的X效率。

一般而言,银行的效率可以被分为范围效率、规模效率以及X效率。

①范围效率。随着金融创新的发展,学者们对范围效率的研究逐渐增多。这里的"范围"包括两方面内容,一个是产品范围的多元化,另一个是地域范围的扩张。所谓范围效率也包含这两方面内容,具体指商业银行随着产品范

围多元化和地域范围的扩张而使其单位成本降低的效率。

②规模效率。学者们最早研究的银行效率就是规模效率。规模效率是指在其他条件不变的前提下,商业银行由于资产规模增大,单位成本随着银行产出的不断增加而降低所产生的效率。

③X效率。相比规模效率和范围效率等外部扩张而产生的效率,X效率侧重于衡量由于内部管理所产生的效率。Frei等[108]将银行的X效率定义为:除了规模效率和范围效率以外,商业银行一切配置效率和技术效率的总和,X效率测度银行全方位的管理水平。目前,学术界基本认为X效率是衡量银行效率的最关键的因素,是对银行管理水平的反映。因此,本书在研究时,也选用X效率来作为衡量商业银行效率的指标。

5.1.3 效率测算方法的确定

目前,对银行效率的研究上使用的较多的前沿方法大致可以分为五种,根据其不同的假定,这五种方法可以分为两大类:一类是参数法,另一类是非参数法。用参数法对银行效率进行估算需要先将前沿函数的进行形式设定,然后再将样本银行的相关财务数据代入到前沿函数中进行估计。参数法主要包括三种类型:随机前沿法(SFA)、厚边界法(TFA)和自由分布法(DFA)。用非参数法与参数法的不同在于,前者对银行效率进行估算时不需要提前估计前沿函数的参数和具体形式。非参数法主要包括无界分析(FDH)和数据包络分析(DEA)两种。非参数方法不会对样本的无效率项做先定假设,其假设不会有随机误差项影响银行业绩,而本章的研究用了25家上市银行从2006年到2017年的数据,随机误差项的影响不能忽视,因此本章的研究更适合用参数法。在参数法中,SFA将误差分为两部分:无效率项和随机误差项,更加符合现实情况,所以本章采用Schmidt等[109]提出的随机前沿模型(SFA)去估计商业银行的X效率。

SFA对误差项分布所做的假设是:误差分为两部分ν和υ,ν是服从正态分布的随机扰动项,代表测量误差和无可控因素,$\upsilon_{i,t} \sim N^+(0, \sigma_\nu^2)$;$\upsilon$表示技术和分配的无效率项,这两项都属于管理可控的要素,且υ被认定为服从半正态分布,即$\upsilon_{i,t} \sim N^+(\upsilon_{i,t}, \sigma_\upsilon^2)$。SFA方法的优势在于可以在同一基线上对不同银行进行比较[110-111]），并采用一步模型法[112]估计效率程度和外生变数的系数，从而避免了两步模型法的固有缺陷。Schmidt 等[113]提出了如公式5.1所示的随机前沿成本函数：

$$Y_i = X_i\beta + (\nu_i + \upsilon_i) \qquad i = 1, \cdots N \qquad (5.1)$$

其中，Y_i 是第 i 个公司的生产成本；X_i 是第 i 个公司的投入和产出；β 是未知参数；ν_i 是服从标准正态封闭的随机误差项，并且独立于 υ_i；υ_i 用来解释生产成本的无效率，服从半正态分布。

通过条件分布的计算可以得到 X 无效率项，Jondrow 等[114]已经证明了银行内部的相对无效率可以用 υ 和 ν 的方差比 λ（$\lambda = \sigma_\upsilon/\sigma_\nu$）来估计。由于复合残差 ε_i（$\varepsilon_i = \upsilon_i + \nu_i$）无法直接进行分解，因此对银行的效率直接做出估计存在难度，只能通过无效率项在以 ε（复合误差项）为条件的均值中计算得到，即：

$$E(\upsilon_i \mid \varepsilon_i) = \frac{\sigma\lambda}{1+\lambda^2}\left[\frac{\varphi(\varepsilon_i\lambda/\sigma)}{1+\Phi(\varepsilon_i\lambda/\sigma)} + \frac{\varepsilon_i\lambda}{\sigma}\right] \qquad (5.2)$$

其中，$E(\upsilon_i \mid \varepsilon_i)$ 是 υ_i 的无偏不一致估计，$\lambda = \sigma_\upsilon/\sigma_\nu$，$\sigma^2 = \sigma_\upsilon^2 + \sigma_\nu^2$，$\varphi(\cdot)$ 为标准正态分布的密度函数，$\Phi(\cdot)$ 为标准正态分布的累积分布函数。

X 效率为

$$X - \text{eff}_i = 1 - \exp(\upsilon_i) = 1 - \exp(E(\upsilon_i \mid \varepsilon_i)) \qquad (5.3)$$

根据式(5.1)对银行数据进行回归，可估计出 σ_υ^2 和 σ_ν^2，然后根据式(5.2)得出银行的效率水平。

本章将使用超越对数成本函数（transcendental cost function，TCF）来测算我国上市银行的 X 效率，成本函数假设了在产出一定的情况下最小的成本投入，相比生产函数，能够更容易地处理多产出的情况；其次，该函数采用了先取对数再平方的形式，使得该函数不会受到转换弹性和替代弹性固定不变的限制，且函数中参数的经济含义直截了当。本章对于银行效率进行研究，就是在双投入和双产出的条件下，因此，本章选用超越对数成本函数（Tranlog）来测算我国上市商业银行的 X 效率。具体的函数形式如下：

$$\ln\left(\frac{\text{TC}}{w_2 z}\right) = \alpha_0 + \alpha_1 \ln\left(\frac{w_1}{w_2}\right) + \alpha_2 \ln\left(\frac{y_1}{z}\right) + \alpha_2 \ln\left(\frac{y_2}{z}\right)$$

$$+ \beta_1 \left[\ln\left(\frac{w_1}{w_2}\right)\right]^2 + \beta_2 \left[\ln\left(\frac{y_1}{z}\right)\right]^2 + \beta_3 \left[\ln\left(\frac{y_2}{z}\right)\right]^2$$

$$+ \beta_4 \ln\left(\frac{w_1}{w_2}\right)\ln\left(\frac{y_1}{z}\right) + \beta_5 \ln\left(\frac{w_1}{w_2}\right)\ln\left(\frac{y_2}{z}\right)$$

$$+ \beta_6 \ln\left(\frac{y_1}{z}\right)\ln\left(\frac{y_2}{z}\right) + \upsilon_{i,t} + \nu_{i,t} \tag{5.4}$$

其中，α，β 是待估参数，其中 TC 代表总成本，w_1，w_2 表示两个投入变量，y_1，y_2 表示产出变量。为了控制银行规模对估计所产生的影响，上式中将银行的总成本 TC 和 y_1，y_2 用银行的总资产 z 进行标准化。

5.1.4 投入产出指标的确定

本章基于中介法(intermediation approach)的思想对随机前沿法中的投入产出进行定义。中介法将商业银行看成一个中介机构，其功能是实现储蓄到投资的转化，投入为资本、劳动力等，产出为贷款或者是银行的其他资产。

在投入、产出指标的选择上，本章借鉴马琳洁[115]等的做法，第一个投入指标 w_1 为资产费用率，表示银行生产力的价格，资产费用率为营业费用除以资产总额的值；第二个投入指标 w_2 为吸纳存款所需要花费的价格，存款价格为总利息支出除以总存款额的值；第一个产出指标 y_1 为贷款总额，包括短期贷款、中长期贷款等，第二个产出指标 y_2 为投资，具体包括短期投资、长期投资、交易性债券等。SFA 模型所用模型及计算方式如表 5.1 所示。

表 5.1 投入与产出指标及定义

变量类型	变量名称	变量符号	变量定义
	总成本	TC	
投入变量	资产费用率	w_1	营业费用/资产总额
	存款价格	w_2	利息支出/存款总额
产出变量	贷款	y_1	贷款总额
	投资	y_2	资产－贷款－存放同业款项－固定资产
控制变量	总资产	Z	

5.1.5 银行效率测算结果

本章采用 Stata13.0 软件对 25 家上市商业银行 2006—2017 年的 X 效率进

行测算，具体结果如表 5.2 所示，因篇幅有限，在表中只报告各银行 2006—2017 年 X 效率均值。

表 5.2　各上市银行 X 效率 2006—2017 年均值及排名

银行名称	平均值	银行名称	平均值
无锡银行	0.924 1	招商银行	0.859 1
贵阳银行	0.919 4	上海银行	0.857 3
农业银行	0.901 8	中国银行	0.855 1
常熟银行	0.899 2	北京银行	0.854 9
工商银行	0.893 2	中信银行	0.853 7
建设银行	0.887 7	华夏银行	0.847 0
吴江银行	0.886 0	光大银行	0.841 0
南京银行	0.885 7	浦发银行	0.836 5
江苏银行	0.878 7	交通银行	0.831 9
江阴银行	0.878 7	宁波银行	0.829 6
张家港行	0.877 7	民生银行	0.828 8
平安银行	0.860 6	兴业银行	0.815 4
杭州银行	0.860 1		

根据排名，在上市银行之中，无锡银行的平均 X 效率最高，为 0.924 1，说明其用最低成本获得最高利润的能力越强。五大国有大型商业银行中，中国农业银行的平均 X 效率最高，为 0.901 8，排名第 3，交通银行平均 X 效率最低，为 0.831 9，排名第 22。

5.2　理论基础及研究假说

Berger[116]在运气不佳假设、不良管理假设、道德风险假设的理论基础上，得出银行信用风险与银行效率之间的负相关关系。

5.2.1 运气不佳假设

该假设是指由于外部因素（自然灾害、公司倒闭等）导致银行贷款不能按期归还的风险出现以后，银行需要对贷款违约者进行额外的监督也需要向有关监管部门说明情况，这不仅会消耗更多的资源，也会让银行的管理者分散精力。所以，当银行遇到这种"坏运气"信用风险加大时，银行的效率会因此而下降。

5.2.2 不良管理假设

银行的管理者负责银行的放款活动和日常经营，该假设认为高管的管理能力低就会导致银行的效率低。一方面，差的管理者不能够最优化配置银行的资源，另一方面，差的管理者不能有效监督、管理和防范风险。不良管理存在一段时间后会使信用风险达到一个较高的水平。不良管理假设能够很好地解释银行信用风险和效率的关系。

5.2.3 道德风险假设

该假设是指低资本的银行容易产生道德风险而增加其放款业务的风险。道德风险假设没有给出信用风险和银行效率的直接关系，但是一方面，道德风险会加大运气不佳假设和不良管理假设的影响；另一方面，道德风险是中国银行业产生信用风险的主要原因。所以，道德风险也被纳入到信用风险和银行效率存在相关关系的假设中。

另外，还有一些研究也说明了信用风险和银行效率直接的负相关关系。Paul[117]分析了欧洲2 220家银行的效率后发现管理不善是影响银行效率的关键因素，王聪[118]利用SFA方法对商业银行的X效率进行测算，并发现风险对商业银行的X效率存在很大的影响。

本书认为，信用风险和银行效率存在负相关关系，那么作为信用风险的评价指标应该也与银行效率存在负相关关系。处置前不良贷款率是商业银行不良贷款率的最原始体现，能够最直观地反映商业银行投入与产出的相对关系。处置前不良贷款率越大,商业银行将投入转化为产出的过程中"浪费"的就越多,效率就会变低;反之,处置前不良贷款率越小,商业银行将投入转化为有效产出的比例就越大,效率也越高。此外,用处置前不良贷款率进行信用风险评价能够最大限度地避免银行管理者的道德风险问题,真实地反映银行的资产状况。据此,本章提出研究假设1:

研究假说1:处置前不良贷款率作为信用风险的衡量指标对商业银行的X效率有显著的负向影响。

信息经济学认为信息不对称问题的存在不可避免地产生"道德风险"和"逆向选择"问题。在银行业务中,信息不对称表现既可以表现在银行与借款人之间,也可以表现在银行与存款人之间。处置前不良贷款率和处置后不良贷款率的关键差异在于"处置"的部分,商业银行出于利己的动机会将其部分不良贷款进行处置,这种处置行为"美化"了财务数据,但是却美化不了其内部的管理水平。因此,处置后的不良贷款率既不能体现银行真实的信用风险水平,也不能完全体现一家银行的资产管理水平。据此,本章提出研究假设2:

研究假说2:处置后不良贷款率作为信用风险的衡量指标对商业银行的X效率没有显著的影响。

五个大型国有商业银行的处置前不良贷款率对其X效率的影响。总体来说,国有大型商业银行与其他银行效率的相对关系随着时间的演进呈现出不同的特点。国有商业银行完成股份制改革之前,其效率低于其他股份制商业银行,并且差距在逐渐减小。朱南[119]的研究结果表明,国有大型商业银行的整体效率要远低于股份制商业银行,他认为解决这个现状最关键的是进行股份制改革。同时,刘琛[120]指出国有大型商业银行和股份制银行的效率在逐渐减少。郑录军[121]对我国商业银行效率进行估计后得出结论,国有银行、股份制银行、城市商业银行之间并不存在效率方面的明显差别。国有商业银行基本上完成股份制改革之后,其效率开始优于其他银行。邱兆祥[122]发现国有银行的利润效率从整体上优于股份制银行。Pasiouras[123]指出市场份额对银行效率有积极的影响。姚广朋[124]认为银行势力对效率有显著的影响,国有大型商业银行的效率显著高于其他银行。本书认为五个大型国有商业银行有我国银行业最雄厚的资金力量,其最有能力吸引最优秀的人才、采用最先进的技术设备和最先进的经营管理理念来进行经营，其投入转化为有效产出的比例理应高于其他的商业银行。另外，由于其体量巨大，"牵一发而动全身"，其效益受到其他因素的影响也应该要高于其他商业银行。据此，本章提出研究假设3：

研究假说3：五个大型国有商业银行的X效率高于其他上市商业银行的X效率，并且五大行的X效率对于处置前不良贷款率的敏感性要高于其他上市商业银行。

5.3 研究设计

5.3.1 数据来源

本章选取2006—2017年中国25家上市商业银行为研究样本。由于处置前不良贷款率的计算依赖于贷款迁徙率，而贷款迁徙率数据的公开性有限，所以本章只收集了25家上市商业银行的样本信息，得到2006—2017年的非平衡面板数据。这25家上市银行中包括国有大型上市商业银行5家，全国性股份制上市商业银行8家，上市城市商业银行12家，另外，这25家上市商业银行占我国商业银行资产总额的比重很大，具有很好的代表性。

本章银行层面的数据来自Wind数据库。作为中国领先的金融数据库，在金融财工程和财经数据仓库，具有较强的权威性，能够较好地反映中国上市商业银行的发展情况。本章宏观层面的数据，取自中国国家统计局网站。

5.3.2 变量界定和模型设定

5.3.2.1 被解释变量

本章将采用5.1.3节中用SFA模型计算的银行效率作为被解释变量，银行效率值越高，说明该银行用最低成本获得最高利润的能力越强。

5.3.2.2 解释变量

主要解释变量为处置前、后不良贷款率，表示五大行的虚拟变量，分别用 Nplr_B, Nplr_A, Bigfive 表示。将第 4 章中处置前不良贷款率的计算公式整合，得出式(5.5)。其中，Npl_{t-1}、Npl_t 分别为上期和本期报表上公布的不良贷款额，$MR_{t,normal}$ 表示本期正常类贷款迁徙率，$MR_{t,mention}$ 表示本期关注类贷款迁徙率，$Normal_{t-1}$、$Mention_{t-1}$ 表示上一期正常类贷款余额和关注类贷款余额，$Total\ loan_t$ 表示本期银行公布的贷款总额。

$$Npl\_B_t = Npl\_A_{t-1} + MR_{t,normal} \times Normal_{t-1} + MR_{t,mention} \times Mention_{t-1} \tag{5.5}$$

修正后的处置前不良贷款率为

$$Nplr\_B_t = \frac{Npl\_B_t}{Total\ loan_t - Npl\_A_t + Npl\_B_t} \tag{5.6}$$

处置后不良贷款率为各商业银行报表上公布的不良贷款率。中国五大银行业务涵盖面广泛、多元，它们代表了中国银行业最雄厚的实力和资本，其经营效果的好坏关系到整个金融系统乃至整个国家经济的正常发展。因此，本章还将设置一个虚拟变量(Bigfive)，工商银行、交通银行、农业银行、中国银行、建设银行为 1，其他上市商业银行为 0，该虚拟变量及其与处置前、后不良贷款率的交乘项的设置，旨在将五大行作为一个独立的主体去探究五大行的倒闭风险，研究五大行处置前不良贷款与处置后不良贷款率的变化对其倒闭风险的影响，以及五大行与其他上市银行的倒闭风险对处置前、后不良贷款率敏感性的差异。

5.3.2.3 控制变量

根据以往的研究，本章在研究处置前、后不良贷款率对上市商业银行效率的影响时，还加入了部分控制变量，主要包括：银行规模(Size)、存贷比(Deloan)、资本收益率(ROA)、GDP 增长率(GDP)以及广义货币增长率(M2)。主要变量定义及测度如表 5.3 所示。

第5章 基于效率视角的创新指标信用风险评价有效性研究

表 5.3 主要变量定义及测度

变量类型	变量名称	变量符号	变量定义
被解释变量	成本效率	CE	根据 translog 函数，由随机前沿法（SFA）求得
解释变量	处置后不良贷款率	Nplr_A	银行公布的不良贷款占贷款总额的额
	处置前不良贷款率	Nplr_B	计算得到的处置前不良贷款占贷款总额的比
	虚拟变量（五大行）	Bigfive	工商银行、交通银行、农业银行、中国银行、建设银行为1，其他银行为0
控制变量	银行规模	Size	各银行资产总额的自然对数
	资产收益率	ROA	净利润/总资产
	存贷比	Deloan	存款总额与贷款总额的比
	GDP 增长率	GDP	GDP 年度增长率
	广义货币增长率	M2	M2 增长率

5.3.2.4 实证模型设定

为检验本章的研究假设，本章研究设置模型如下(5.7)所示。经过豪斯曼（Hausman）检验，本章将采用随机效应模型来对方程系数进行估计，式中系数 β_1 的大小及显著程度是本章关注的重点。此外，为了避免不同上市银行的随机扰动可能存在相关性，本章研究还对回归方程中的标准误进行了 cluster 处理。本章研究的实证分析均采用 Stata13.0 软件完成。

$$\mathrm{CE}_{it} = \beta_0 + \beta_1 \mathrm{Nplr}_{it} + \beta_2 \mathrm{Bank}_{it} + \beta_3 \mathrm{Macro}_t + \varepsilon_{it} \tag{5.7}$$

为了考察五大行处置前不良贷款率与处置后不良贷款率对商业银行效率的影响，本书还进一步设置了一个虚拟变量加入到模型中，如公式(5.8)所示。

$$\mathrm{CE}_{it} = \beta_0 + \beta_1 \mathrm{Nplr}_{it} + \beta_2 \mathrm{Bigfive}_{\mathrm{dummy}} + \beta_3 \mathrm{Bignplr}_{it}$$
$$+ \beta_3 \mathrm{Bank}_{it} + \beta_4 \mathrm{Macro}_t + \varepsilon_{it} \tag{5.8}$$

其中，下标 i 和 t 表示第 i 家银行和第 t 年。Nplr 包括处置前不良贷款率 Nplr_B 和处置后不良贷款率 Nplr_A。Bigfive$_{\mathrm{dummy}}$ 表示五大行的虚拟变量，若一家银行为五大行之一，则该虚拟变量为 1，否则为 0。BigNplr 分别表示处置前不良贷款率、处置后不良贷款率与五大行 Bigfive 的交乘项。Bank 表示影响银行稳定性的银行控制变量：银行规模（Size）、存贷比（Deloan）和资本收益率（ROA）；Macro 表示宏观变量，包括 GDP 增长率和 M2 增长率；β_0 和 ε 分别表示截距项和残差项。

5.4 描述性统计

表 5.4 所示为相关变量的描述性统计，分别显示了本章研究中上市商业银行相关变量以及宏观经济变量的名称、样本数、均值、标准差等信息。从表 5.4 中可以发现，商业银行的成本效率最大值为 0.943 2，最小值为 0.764 0，相差较为明显。处置前不良贷款率均值为 4.129 7，处置后不良贷款率均值为 1.568 6，说明商业银行通过各种途径将不良贷款进行处置的比例较大，从其他指标中显示，样本商业银行中，五大行的比例为 20%，其他变量的基本统计量不再一一赘述。

表 5.4 变量统计描述

变量名	样本数目	均值	标准差	最小值	最大值
被解释变量					
CE	271	0.866 5	0.036 5	0.764 0	0.943 2
解释变量					
Nplr_B	216	4.129 7	2.766 3	0.848 3	18.526 4
Nplr_A	273	1.568 6	2.089 8	0.330 0	23.500 0
Bigfive	300	0.200 0	0.400 7	0.000 0	1.000 0
控制变量					
Size	299	27.459 1	1.949 8	23.681 9	30.892 5
ROA	297	1.089 6	0.296 8	0.114 8	2.134 9

第5章 基于效率视角的创新指标信用风险评价有效性研究

续表

变量名	样本数目	均值	标准差	最小值	最大值
Deloan	289	68.525 6	8.562 1	38.970 0	105.156 9
GDP	300	9.060 0	2.298 4	6.700 0	14.200 0
M2	300	15.400 8	4.767 0	8.200 0	27.700 0

图5.1所示的是上市商业银行年平均处置前不良贷款率、处置后不良贷款率和效率(CE)的走势图。从图中可以看出，处置前不良贷款率和处置后不良贷款率在2008—2011年一直处于下降的趋势中。同时从图中也可以看出，银行年平均效率在样本的持续期内，一直处于下降的趋势。另外，年平均处置前不良贷款率与年平均效率在2010—2015年之间都呈现出很明显的反向关系。

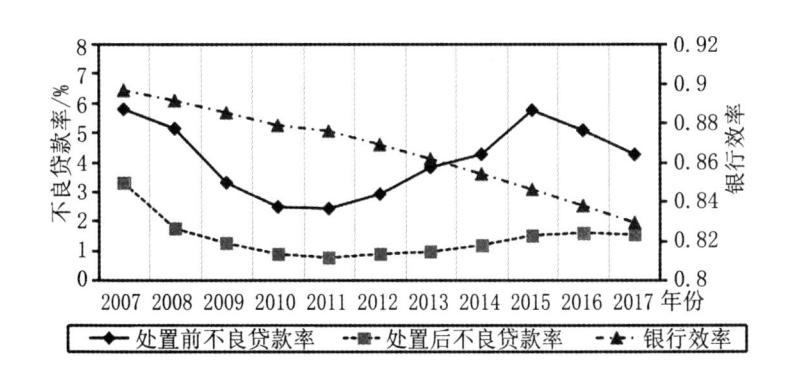

图5.1 2006—2017年中国上市商业银行不良贷款率与银行效率年度均值变动情况

本节还报告了表5.3中主要变量的Pearson相关系数，如表5.5主要变量的Pearson相关系数所示。从排版的简洁性考虑，未显示各变量相应的显著水平，从表中可以看出，各变量之间的大都处于0.6以下，不存在回归结果中的多重共线性问题。

表5.5 主要变量的Pearson相关系数

	CE	Nplr_B	Nplr_A	Size	ROA	Deloan	Bigfive	GDP	M2
CE	1								
Nplr_B	0.035 9	1							

续表

	CE	Nplr_B	Nplr_A	Size	ROA	Deloan	Bigfive	GDP	M2
Nplr_A	0.103 4	0.519 6	1						
Size	−0.267 5	−0.253 1	0.125 5	1					
ROA	0.273 2	−0.155 9	−0.300 4	0.044	1				
Deloan	−0.540 1	0.095 1	0.065 3	0.175 9	−0.247 3	1			
Bigfive	0.227 6	−0.025 6	0.261 2	0.670 0	0.215 3	−0.163 0	1		
GDP	0.417 5	−0.043 8	0.112 3	−0.068 7	0.064	−0.115 0	0.056 8	1	
M2	0.384 1	−0.115 5	−0.071 2	−0.030 0	0.048 3	−0.121 3	0.079 1	0.538 9	1

5.5 实证结果与分析

为了验证基于效率视角的处置前不良贷款对银行信用风险评价的有效性，本节将分别用处置前不良贷款率和处置后不良贷款率对商业银行的 X 效率进行回归，估计结果如表 5.6、表 5.7 所示，每个表格的第 1 列、第 2 列和第 3 列分别为在解释变量的基础上加入了银行内部控制变量银行规模、资产收益率和存贷比后的估计结果，第四列为加入了宏观经济变量作为控制变量后的回归结果。为了进一步检验五大行的处置前不良贷款率对其效率产生的影响，本节还在回归中加入了虚拟变量 Bigfive，以及其与处置前不良贷款率的交乘项 Bigfive×Nplr_B，如表 5.8 所示。

表 5.6 所示为处置前不良贷款率与银行效率的回归结果。结果显示，银行的效率（CE）对处置前不良贷款率（Nplr_B）有较强的敏感性，处置前不良贷款率（Nplr_B）对效率影响的估计系数均为负，并且显著。这说明，处置前不良贷款率越高，银行的效率越低。这与我们的假说相符，处置前不良贷款率越高，说明其投入的成本转换成有效产出的比例就越小，说明在银行授信过程中存在很多的资源浪费，所以效率就越低。

从控制变量的回归结果来看，银行规模（Size）与效率（CE）呈显著的反向关系，规模越大的银行，反而效率越低，这可能是由于规模效应所引起的成

第5章 基于效率视角的创新指标信用风险评价有效性研究

本减少的规模小于由于规模扩大所造成的信息不对称而导致的效率损失所造成的。另外,存贷比(Deloan)也与效率呈显著的负相关关系,存贷比是银行存款总额与贷款总额的比,反映了商业银行资产的配置情况,存贷比越高,说明存款转换为贷款的比率越低,资产很有可能没有达到最优化配置。从宏观控制变量来说,GDP增长率(GDP)和广义货币增长率(M2)皆与银行效率呈现正相关关系,这说明GDP增速越快、M2增长率越高,银行的效率增高,这可能是GDP增速变快,广义货币供应量增长率变高时,银行业务量大,有很多同类业务所导致的。

表 5.6 处置前不良贷款率与银行效率的回归结果

变量	(1) CE	(2) CE	(3) CE	(4) CE
Constant	1.872***	1.861***	1.878***	1.417***
	(25.35)	(26.13)	(34.71)	(15.95)
Nplr_B	−0.001 45***	−0.001 43***	−0.000 907***	−0.000 671**
	(−3.977)	(−3.210)	(−2.749)	(−2.328)
Size	−0.036 2***	−0.035 9***	−0.034 3***	−0.020 3***
	(−14.25)	(−14.53)	(−18.18)	(−6.963)
ROA		0.001 08	0.000 396	0.009 09
		(0.162)	(0.072 3)	(1.642)
Deloan			−0.000 891***	−0.000 614***
			(−6.519)	(−4.997)
GDP				0.003 21***
				(6.844)
M2				0.001 16***
				(7.118)
Observations	215	215	215	215
R-sq	0.89	0.89	0.93	0.94

注:(1)括号内为经过cluster调整后的Z统计值;

(2)***,**和*分别表示1%,5%和10%的显著性水平下显著。

表 5.7 所示为处置后不良贷款率与银行效率的回归结果。结果显示,处置后不良贷款率(Nplr_A)对银行效率(CE)没有显著的影响。处置后不良贷款率是经过处置以后的数值,其数值并不能真实地反映银行授信业务的管理水平,也不能真实地反映投入转为有效产出的水平,因此处置后不良贷款率和银行效率没有显著的关系,这也是与我们的假说相一致的。表 5.7 中,控制变量的符号和显著性与表 5.6 中一致。

表 5.7 处置后不良贷款率与银行效率的回归结果

变量	(1) CE	(2) CE	(3) CE	(4) CE
Constant	1.822***	1.793***	1.801***	1.353***
	(30.45)	(28.59)	(35.49)	(20.75)
Nplr_A	−0.000 757	−0.000 477	−9.35e-05	−0.000 506
	(−1.224)	(−0.870)	(−0.182)	(−1.550)
Size	−0.034 6***	−0.033 8***	−0.031 8***	−0.018 1***
	(−16.71)	(−15.65)	(−17.43)	(−8.039)
ROA		0.005 56	0.005 45	0.009 25***
		(1.281)	(1.427)	(2.892)
Deloan			−0.000 908***	−0.000 631***
			(−6.890)	(−6.033)
GDP				0.003 46***
				(9.094)
M2				0.001 15***
				(10.50)
Observations	258	258	258	258
R-sq	0.89	0.89	0.92	0.94

注:(1)括号内为经过 cluster 调整后的 Z 统计值;

(2)***,** 和 * 分别表示 1%,5% 和 10% 的显著性水平下显著。

进一步地,为了验证研究假说 2,本章对五大行的处置前不良贷款率对于倒闭风险的影响进行专门研究,结果如表 5.8 所示。列(1)和列(2)中,处置

第 5 章 基于效率视角的创新指标信用风险评价有效性研究

前不良贷款率的系数都显著为正。列(1)中，虚拟变量五大行 Bigfive 的系数为正，并且显著，这说明，五大行作为我国商业银行的核心力量，其效率要显著高于其他上市商业银行。列(2)中加入了处置前不良贷款率和五大行的虚拟变量，其系数显著为负。这说明，五大行的效率受处置前不良贷款率的影响相比其他上市商业银行来说更为明显，五大行的处置前不良贷款率上升一个单位，银行效率会下降更多。在表 5.8 中，其他控制变量的系数及显著性与表 5.6 和表 5.7 中一致。

表 5.8 五大行处置前不良贷款率与银行效率的回归结果

变量	(1) CE	(2) CE
Constant	1.519***	1.506***
	(18.57)	(18.68)
Nplr_B	−0.000 731**	−0.000 606**
	(−2.398)	(−2.093)
Size	−0.024 0***	−0.023 5***
	(−8.807)	(−8.784)
ROA	0.006 50	0.006 01
	(1.248)	(1.184)
Deloan	−0.000 639***	−0.000 692***
	(−5.031)	(−5.274)
Bigfive	0.078 1***	0.082 9***
	(3.975)	(4.423)
Bigfive×Nplr_B		−0.001 63**
		(−2.302)
GDP	0.002 46***	0.002 62***
	(6.000)	(6.371)
M2	0.000 99***	0.001 03***
	(6.120)	(6.449)

续表

变量	(1) CE	(2) CE
Observations	215	212
R-sq	0.94	0.94

注：(1)括号内为经过 cluster 调整后的 Z 统计值；

(2)***,** 和* 分别表示 1%,5%和 10%的显著性水平下显著。

5.6 稳健性检验

由于本章的研究样本从 2006—2017 年，其中涵盖了 2008—2009 年金融危机，为了避免金融危机对商业银行经营情况产生影响而使回归结果发生偏误，本节将在稳健性检验中排除金融危机的影响。在稳健性检验回归中，本节设置一个虚拟变量 Crisis，该变量在 2008、2009 年为 0，其他年份为 1，并用 Crisis 和处置前不良贷款率与处置后不良贷款率的交乘项 NplrCrisis 加入到回归模型中，回归模型如下：

$$CE_{it} = \alpha_0 + \alpha_1 \text{NplrCrisis}_{it} + \alpha_2 \text{Bank}_{it} + \alpha_3 \text{Macro}_t + \mu_{it} \tag{5.9}$$

五大行的处置前不良贷款率对效率影响的稳健性检验模型如下：

$$CE_{it} = \alpha_0 + \alpha_1 \text{NplrCrisis}_{it} + \alpha_2 \text{Bigfive}_{dummy} + \alpha_3 \text{Bignplr}_{it}$$
$$+ \alpha_3 \text{Bank}_{it} + \alpha_4 \text{Macro}_t + \mu_{it} \tag{5.10}$$

其中，α_1 为主要关注的系数。回归结果如表 5.9、表 5.10、表 5.11 所示。

表 5.9 和表 5.6 的结果基本一致。从表 5.9 中可以看出，Crisisnplrb 的系数显著为负，说明在非金融危机期间，处置前不良贷款率与银行效率依然是显著的负相关关系。另外，各控制变量对于银行效率的影响也与上文的结论一致。

表 5.9　消除金融危机影响后处置前不良贷款率的回归结果

变量	(1) CE	(2) CE	(3) CE	(4) CE
Constant	1.816***	1.798***	1.834***	1.346***
	(25.04)	(25.20)	(35.64)	(17.99)
Crisisnplrb	−0.001 60***	−0.001 59***	−0.001 12***	−0.001 18***
	(−5.677)	(−5.411)	(−5.400)	(−3.187)
Size	−0.034 2***	−0.033 7***	−0.032 8***	−0.017 9***
	(−13.44)	(−13.22)	(−17.61)	(−6.974)
ROA		0.004 00	0.002 15	0.010 4**
		(0.655)	(0.437)	(2.124)
Deloan			−0.000 875***	−0.000 573***
			(−6.447)	(−4.796)
GDP				0.003 89***
				(8.947)
M2				0.000 988***
				(5.623)
Observations	215	215	215	215
R-sq	0.88	0.88	0.93	0.94

注:(1)括号内为经过 cluster 调整后的 Z 统计值;

(2)***,** 和 * 分别表示 1%,5% 和 10% 的显著性水平下显著。

表 5.10 和表 5.7 的结果基本一致。从表 5.10 中可以看出,Crisisnplra 的系数不显著,说明剔除金融危机的影响后,处置后不良贷款率与银行效率依然没有显著的相关关系。另外,各控制变量对于银行效率的影响与上文的结论一致。

表 5.10　消除金融危机影响后处置后不良贷款率的回归结果

变量	(1) CE	(2) CE	(3) CE	(4) CE
Constant	1.814***	1.788***	1.801***	1.346***
	(31.41)	(29.87)	(37.31)	(21.96)
Crisisnplra	−0.000 998	−0.000 815	−0.000 363	−0.000 729
	(−1.490)	(−1.305)	(−0.614)	(−1.573)
Size	−0.034 3***	−0.033 6***	−0.031 8***	−0.017 9***
	(−17.37)	(−16.39)	(−18.44)	(−8.426)
ROA		0.005 01	0.004 98	0.009 06***
		(1.182)	(1.339)	(2.869)
Deloan			−0.000 898***	−0.000 615***
			(−6.913)	(−5.983)
GDP				0.003 61***
				(9.986)
M2				0.001 09***
				(8.864)
Observations	258	258	258	258
R-sq	0.88	0.89	0.92	0.94

注:(1)括号内为经过 cluster 调整后的 Z 统计值;

(2)***,** 和 * 分别表示 1%,5%和 10%的显著性水平下显著。

表 5.11 和表 5.8 的结果基本一致。列(1)和列(2)中,处置前不良贷款率与金融危机的交乘项系数都显著为负。从虚拟变量 Bigfive 和其与处置前不良贷款率的交乘项系数来看,五大行的效率要显著高于其他上市商业银行的效率,五大行的效率对处置前不良贷款率的敏感性更大。

第5章 基于效率视角的创新指标信用风险评价有效性研究

表 5.11 消除金融危机影响后五大行处置后不良贷款率的回归结果

变量	(1) CE	(2) CE
Constant	1.441***	1.438***
	(19.85)	(20.72)
Crisisnplrb	−0.001 04***	−0.001 01***
	(−3.111)	(−3.142)
Size	−0.021 4***	−0.021 2***
	(−8.232)	(−8.583)
ROA	0.008 47*	0.007 30*
	(1.865)	(1.660)
Deloan	−0.000 607***	−0.000 660***
	(−5.062)	(−5.238)
Bigfive	0.069 7***	0.076 4***
	(3.594)	(4.117)
Bignplrb		−0.001 86***
		(−2.684)
GDP	0.003 15***	0.003 27***
	(8.148)	(9.026)
M2	0.000 868***	0.000 897***
	(5.067)	(5.268)
Observations	215	212
R-sq	0.94	0.95

注:(1)括号内为经过 cluster 调整后的 Z 统计值;
(2)***,** 和 * 分别表示 1%,5% 和 10% 的显著性水平下显著。

综合本节所述,为避免金融危机期间经济金融系统的剧烈动荡而使回归发生偏误,本节设置了虚拟变量 Crisis,该变量在样本期间 2008、2009 年为 0,其他年份为 1,并将 Crisis 分别与处置前不良贷款率、处置后不良贷款率进行交乘，得出稳健性检验的解释变量。结果表明，处置前不良贷款率会显著降低银行的效率，而处置后不良贷款率与银行效率没有显著的相关关系，另外，五大行的银行效率对于处置前不良贷款率的敏感性要高于其他银行，我们的结论是稳健的。

5.7 本章小结

本章在前文的理论基础和实证结论上，提出了三个假设：①处置前不良贷款率作为信用风险的衡量指标对商业银行的 X 效率有显著的负向影响；②处置后不良贷款率作为信用风险的衡量指标对商业银行的 X 效率没有显著的影响；③五个大型国有商业银行的 X 效率高于其他上市商业银行的 X 效率，并且五大行的 X 效率对于处置前不良贷款率的敏感性要高于其他上市商业银行，五个大型国有商业银行的处置前不良贷款率每增加一个单位，其效率的降低比其他上市商业银行更大。为了验证这三个假设，本章设计实证使用2006—2017 年的中国 A 股上市商业银行数据，采用随机效应模型进行估计。为了避免回归结果受到金融危机的影响，本书在做稳健性检验时，将 2008—2009 年的数据剔除，结果证明，我们的结论是稳健的。

本书的主要结论有：①处置前不良贷款率与商业银行的效率呈显著的负相关关系，而处置后不良贷款率与商业银行效率的关系不显著。这说明，对比处置后不良贷款率，处置前不良贷款率更能真实地反映一个银行的授信质量和其贷款管理水平，从而能够更好地对银行的信用风险进行评价。本书所用的银行效率经过一系列复杂的计算得到，对于监管单位来讲不具有直观性和时效性，然而处置前不良贷款率越高，银行效率就越低，监管单位可以通过对处置前不良贷款率进行监管进而起到对银行效率监管的作用。②一般来讲，五个大型国有商业银行的效率要高于其他上市商业银行，可能是由于其作为我国银行业的中坚力量，能够吸引到更多的人才，能够及时引进更先进的电子设备和设施；处置前不良贷款率对五个大型国有商业银行效率的负向

第 5 章　基于效率视角的创新指标信用风险评价有效性研究

影响比其对其他上市商业银行的负向影响更大。③在不考虑其他因素的情况下，银行规模、存贷比与效率均呈负相关关系，这可能是由于规模越大，信息的传达就越困难，受信息不对称的影响就越大，所以效率会降低；而存贷比作为一个衡量存贷款转换率的指标，其值在监管允许的范围内越小，说明将存款转化为贷款的比率越高，因此存贷比越大，效率也会越低。

本章的研究意义和启示在于：①本章将处置前不良贷款率作为信用风险的评价指标，验证了其与商业银行效率的负相关关系，说明商业银行应该合理控制其处置前不良贷款率来提高银行效率。通过与处置后不良贷款率作为信用风险评价指标的效果进行对比，发现用处置前不良贷款率作为信用风险评价指标更合适。商业银行的信用风险不仅关系到其自身经营安全，也关系到整个金融体系的稳定和国民经济的持续健康发展。防范倒闭风险和提高效率是任何企业发展永恒的两大主题，第 4 章我们证明了处置前不良贷款率作为信用风险评价指标会对当期商业银行倒闭风险以及下一期倒闭风险产生影响，本章，我们进一步验证了处置前不良贷款率作为信用风险评价指标会对商业银行效率产生影响。两章内容相结合，证明了相比于处置后不良贷款率，处置前不良贷款率作为单个指标对银行信用风险进行评价的优越性。②本章对五个国有大型商业银行的效率对处置前不良贷款率的敏感性进行研究，证明相比其他上市商业银行，五大行的效率对处置前不良贷款率更加敏感。因此，无论从倒闭风险的角度和是从银行效率的角度，监管单位在制定相关政策时，都应该对五大行有更加严格的监管要求。

第6章 基于指标体系视角的创新指标信用风险评价有效性研究

前两章分别基于倒闭风险和银行效率的视角验证了用处置前不良贷款率作为单个指标进行信用风险评价的有效性。然而，虽然学者们有时也用单个指标来衡量银行的信用风险，但是，实际上对银行信用风险进行评价是一个关乎多个指标的综合性问题。不良贷款率是对银行信用风险进行评价的指标体系中非常重要的一环，不良贷款率的数值会对整个评价指标体系的评价结果产生很大的影响。本章分别将处置前不良贷款率和处置后不良贷款率纳入到信用风险评价指标体系中，采用改进的 TOPSIS 法——熵权、TOPSIS 法对上市商业银行的信用风险进行评价，并对其评价结果进行比较。

6.1 熵权-TOPSIS 法

熵权-TOPSIS 法是进行综合评价比较常见的方法，曾卫[128]、管述学[129]等都用熵权-TOPSIS 法对商业银行进行过评价。本章将采用熵权-TOPSIS 法对中国上市商业银行的信用风险进行评价。

6.1.1 TOPSIS 法

TOPSIS 法的全称是"逼近于理想值的排序方法"，该方法常用来解决多目标决策中的方案优选问题，其基本原理大致分为五个步骤：一是将所有的

第6章 基于指标体系视角的创新指标信用风险评价有效性研究

指标进行标准化处理；二是结合权重矩阵得到加权判断矩阵；三是利用加权判断矩阵得出各目标的正负理想值；四是根据正负理想值计算欧式距离；五是计算相对贴近度，并将相对贴近度进行排序得出最终的评价结果。具体步骤如下：

①假设样本银行的个数为 m，评价指标的个数 n，x_{ij} 表示 i 银行 j 指标的值，那么初始矩阵 X 为

$$X = \begin{pmatrix} x_{11} & x_{12} & \cdots & x_{1n} \\ x_{21} & x_{22} & \cdots & x_{2n} \\ \vdots & \vdots & \vdots & \vdots \\ x_{m1} & x_{m2} & \cdots & x_{mn} \end{pmatrix} \tag{6.1}$$

②由于每个指标数量级存在较大的差异，因此需要先进行标准化处理。对矩阵 X 进行标准化处理后得到矩阵 V：

$$V = \begin{pmatrix} v_{11} & v_{12} & \cdots & v_{1n} \\ v_{21} & v_{22} & \cdots & v_{2n} \\ \vdots & \vdots & \vdots & \vdots \\ v_{m1} & v_{m2} & \cdots & v_{mn} \end{pmatrix} \tag{6.2}$$

其中，v_{ij} 为 i 银行 j 指标进行标准化处理后的值。

正向指标的标准化。正向指标是指与银行的信用风险水平负相关，与经营状况正相关的指标。正向指标越远离最小值，该指标经过标准化处理之后得到的值就越大，表示较低的信用风险，商业银行的经营状况较好，反之亦然。

$$v_{ij} = \frac{x_{ij} - \min\limits_{1 \leqslant i \leqslant m}(x_{ij})}{\max\limits_{1 \leqslant i \leqslant m}(x_{ij}) - \min\limits_{1 \leqslant i \leqslant m}(x_{ij})} \tag{6.3}$$

其中，v_{ij} 为 i 银行 j 指标标准化后的值；x_{ij} 为 i 银行 j 指标的值，m 为银行的个数。

负向指标的标准化。负向指标是指与商业银行的信用风险水平正相关，与经营状况负相关的指标。正向指标越远离最大值，该指标经过标准化处理之后得到的值就越大，表示较低的信用风险，商业银行的经营状况较好，反

之亦然。

$$v_{ij} = \frac{\max\limits_{1 \leqslant i \leqslant m}(x_{ij}) - x_{ij}}{\max\limits_{1 \leqslant i \leqslant m}(x_{ij}) - \min\limits_{1 \leqslant i \leqslant m}(x_{ij})} \tag{6.4}$$

式(6.4)中各符号含义与式(6.3)相同。

③将标准化矩阵 V 与权重矩阵 W 相乘，得到加权判断矩阵 $\boldsymbol{F}$：

$$\boldsymbol{F} = \boldsymbol{VW} = \begin{pmatrix} v_{11} & v_{12} & \cdots & v_{1n} \\ v_{21} & v_{22} & \cdots & v_{2n} \\ \vdots & \vdots & \vdots & \vdots \\ v_{m1} & v_{m2} & \cdots & v_{mn} \end{pmatrix} \begin{pmatrix} w_{11} & & & \\ & w_{22} & & \\ & & \vdots & \\ & & & w_{mn} \end{pmatrix}$$

$$= \begin{pmatrix} f_{11} & f_{12} & \cdots & f_{1n} \\ f_{21} & f_{22} & \cdots & f_{2n} \\ \vdots & \vdots & \vdots & \vdots \\ f_{m1} & f_{m2} & \cdots & f_{mn} \end{pmatrix} \tag{6.5}$$

④对加权判断矩阵 $\boldsymbol{F}$ 的各行进行处理，得到正负理想解：

$$\text{正理想 } f_i^+ = \begin{cases} \max\limits_{j}(f_{ij}), & \text{positive index} \\ \min\limits_{j}(f_{ij}), & \text{negative index} \end{cases} \tag{6.6}$$

$$\text{负理想 } f_i^- = \begin{cases} \min\limits_{j}(f_{ij}), & \text{positive index} \\ \max\limits_{j}(f_{ij}), & \text{negative index} \end{cases} \tag{6.7}$$

⑤根据加权判断矩阵和正负理想解得出欧式距离：

$$C_i^+ = \sqrt{\sum_{j=1}^{m}(f_{ij} - f_i^+)^2} \tag{6.8}$$

$$C_i^- = \sqrt{\sum_{j=1}^{m}(f_{ij} - f_i^-)^2} \tag{6.9}$$

⑥计算各银行相对贴近度：

$$C_i^* = \frac{C_i^-}{C_i^+ + C_i^-}, \quad i = 1, 2, \cdots, m \tag{6.10}$$

⑦根据各银行相对贴近度数值的大小对各银行排序，并形成最终的评价结果。

6.1.2 计算权重——熵权

熵最初是一个热力学概念,后来被运用于信息论中,熵在信息论中被用来度量系统的无序程度,即无效信息量的大小。如果某个评价指标中的信息熵很小,说明这个指标能提供很大的信息量,那么该指标在对目标主体进行综合评价时所起到的作用就会相对更大。因此,被赋予的权重也应该更大。

假设 b_{ij} 为 i 评价对象 j 项指标的样本数据($1 \leqslant i \leqslant n$; $1 \leqslant j \leqslant m$)。若某项指标在不同评价对象之间的差距越大,则该项指标在评价中的作用就越大,也就是说这项指标传输和包含的信息量越多。以下为用熵权法赋权的步骤:

① 计算各指标的熵。假设 e_j 为 j 指标的熵,则 e_j 为

$$e_j = -\frac{1}{\ln n} \sum_{i=1}^{n} p_{ij} \ln(p_{ij}) \tag{6.11}$$

其中 $e_j > 0$, $p_{ij} = b_{ij} / \sum_{i=1}^{n} b_{ij}$ 为 j 指标下 i 对象的特征比重;$\sum_{i=1}^{n} b_{ij}$ 为 j 指标的所有观测值的和。

假设 w_j^s 为 j 指标的熵权,则 w_j^s 为

$$w_j^s = \frac{1 - e_j}{m - \sum_{j=1}^{m} e_j}, \quad j = 1, 2, \cdots, m \tag{6.12}$$

其中,e_j 为 j 指标的熵。

6.2 数据来源与指标赋权

6.2.1 数据来源

本章用 2016、2017 年中国 25 家上市商业银行的数据来验证分别含有处置前不良贷款率和处置后不良贷款率的信用风险评价体系的差异。由于处置

前不良贷款率的计算依赖于贷款迁徙率,而贷款迁徙率数据的公开性有限,所以本章只收集了 25 家上市商业银行的样本信息,得到 2016 年、2017 年的数据。这 25 家上市银行中包括国有大型上市商业银行 5 家,全国性股份制上市商业银行 8 家,上市城市商业银行 12 家,另外,这 25 家上市商业银行占我国商业银行资产总额的比重很大,具有很好的代表性。

本章银行层面的数据来自 Wind 数据库。作为中国领先的金融数据库,在金融财工程和财经数据仓库,具有较强的权威性,能够较好地反映中国上市商业银行的发展情况。本章宏观层面的数据,取自中国国家统计局网站。

6.2.2 指标赋权

根据《商业银行监管核心指标》(实行),CAMELS 骆驼评级体系、标准普尔、穆迪等信用评级公司的评价体系、吕品[20]对商业银行进行风险评价时选取的指标体系以及前文中对不良贷款率这一指标的改进,本章将分别选取资本充足率、资本资产比例、处置前不良贷款率(处置后不良贷款率)、拨备覆盖率、最大十家客户贷款比例、最大单一客户贷款比例、资产流动性比例、存贷款比率、手续费及佣金收入占比、净利润/总资产、成本收入比作为对中国上市商业银行进行风险评价的指标,具体信息如表 6.1、表 6.2 所示:

表 6.1 2016 年信用风险评价指标及原始数值

指标名称	指标属性	工商银行	中国银行	建设银行	…	平安银行
$X1$ 资本充足率	正向	14.610 0	14.280 0	14.940 0	…	11.530 0
$X2$ 资本资产比例	正向	0.088 1	0.088 7	0.085 1	…	0.079 4
$X3$ 处置前不良贷款率	负向	5.054 2	4.313 3	4.042 0	…	7.558 9
$X4$ 处置后不良贷款率	负向	136.690 0	162.820 0	150.360 0	…	155.370 0
$X5$ 拨备覆盖率	正向	13.300 0	14.200 0	13.370 0	…	25.780 0
$X6$ 最大十家客户贷款比例	负向	4.500 0	2.300 0	4.030 0	…	5.190 0
$X7$ 最大单一客户贷款比例	负向	70.900 0	77.075 4	76.329 9	…	75.210 0
$X8$ 存贷款比率	负向	21.449 2	18.333 0	19.585 4	…	25.863 6
$X9$ 手续费及佣金收入占比	正向	25.910 0	28.080 0	27.490 0	…	25.970 0
$X10$ 净利润/总资产	正向	0.011 6	0.010 1	0.011 1	…	0.007 7
$X11$ 成本收入比	正向	1.620 0	1.460 0	1.520 0	…	1.740 0

第6章 基于指标体系视角的创新指标信用风险评价有效性研究

表6.2 2017年信用风险评价指标及原始数值

指标名称	指标属性	工商银行	中国银行	建设银行	…	平安银行
$X1$ 资本充足率	正向	15.140 0	14.190 0	15.500 0	…	11.200 0
$X2$ 资本资产比例	正向	0.092 3	0.088 6	0.090 5	…	0.076 7
$X3$ 处置前不良贷款率	负向	4.617 4	3.563 2	3.931 1	…	6.497 4
$X4$ 处置后不良贷款率	负向	1.550 0	1.450 0	1.490 0	…	1.700 0
$X5$ 拨备覆盖率	正向	154.070 0	159.180 0	171.080 0	…	151.080 0
$X6$ 最大十家客户贷款比例	负向	14.200 0	17.400 0	13.900 0	…	22.790 0
$X7$ 最大单一客户贷款比例	负向	4.900 0	3.800 0	4.270 0	…	5.200 0
$X8$ 存贷款比率	负向	71.100 0	79.781 9	78.853 8	…	83.580 0
$X9$ 手续费及佣金收入占比	正向	19.218 8	18.352 0	18.949 0	…	28.996 3
$X10$ 净利润/总资产	正向	0.011 019	0.009 502	0.011 011	…	0.007 138
$X11$ 成本收入比	正向	24.460 0	28.340 0	26.950 0	…	29.890 0

由于各指标的量纲存在差异，我们需要将指标进行标准化。将各指标通过式(6.3)、式(6.4)标准化后的值如表6.3、表6.4所示。

表6.3 2016年信用风险评价指标及标准化数值

指标名称	指标属性	工商银行	中国银行	建设银行	…	平安银行
$X1$ 资本充足率	正向	0.920 3	0.840 6	1.000 0	…	0.176 3
$X2$ 资本资产比例	正向	0.619 0	0.632 9	0.541 8	…	0.396 3
$X3$ 处置前不良贷款率	负向	0.660 3	0.750 0	0.782 8	…	0.357 2
$X4$ 处置后不良贷款率	负向	0.000 0	0.081 5	0.042 6	…	0.058 3
$X5$ 拨备覆盖率	正向	0.911 5	0.880 8	0.909 1	…	0.486 6
$X6$ 最大十家客户贷款比例	负向	0.436 6	0.823 9	0.519 4	…	0.315 1
$X7$ 最大单一客户贷款比例	负向	0.398 2	0.281 9	0.295 9	…	0.317 0
$X8$ 存贷款比率	负向	0.614 0	0.515 6	0.555 1	…	0.753 4
$X9$ 手续费及佣金收入占比	正向	0.208 1	0.357 7	0.317 0	…	0.212 3
$X10$ 净利润/总资产	正向	1.000 0	0.764 1	0.920 7	…	0.351 3
$X11$ 成本收入比	正向	0.513 0	0.616 9	0.577 9	…	0.435 1

表 6.4 2017年信用风险评价指标及标准化数值

指标名称	指标属性	工商银行	中国银行	建设银行	…	平安银行
$X1$ 资本充足率	正向	0.916 3	0.695 3	1.000 0	…	0.000 0
$X2$ 资本资产比例	正向	0.858 9	0.739 9	0.802 4	…	0.350 6
$X3$ 处置前不良贷款率	负向	0.681 7	0.796 2	0.756 2	…	0.477 5
$X4$ 处置后不良贷款率	负向	0.535 0	0.598 7	0.573 2	…	0.439 5
$X5$ 拨备覆盖率	正向	0.059 9	0.074 1	0.107 1	…	0.051 7
$X6$ 最大十家客户贷款比例	负向	0.867 7	0.766 9	0.877 1	…	0.597 0
$X7$ 最大单一客户贷款比例	负向	0.382 5	0.560 8	0.484 6	…	0.333 9
$X8$ 存贷款比率	负向	0.540 9	0.403 0	0.417 7	…	0.342 7
$X9$ 手续费及佣金收入占比	正向	0.544 7	0.517 1	0.536 1	…	0.856 3
$X10$ 净利润/总资产	正向	0.965 7	0.702 2	0.964 3	…	0.291 5
$X11$ 成本收入比	正向	0.008 6	0.286 7	0.187 1	…	0.397 8

本章采用熵权法对指标赋权，利用式(6.11)和式(6.12)计算出各指标的熵和熵权，结果如表 6.5、表 6.6 所示。为了比较处置前不良贷款率和处置后不良贷款率对各银行信用风险评价的影响，本章将分别利用处置前不良贷款率和处置后不良贷款率对上市银行的信用风险进行评价，表 6.5、表 6.6 也分别列示了将处置前不良贷款率和处置后不良贷款率纳入评价指标体系后计算出来的熵和熵权结果。

表 6.5 2016年各指标的熵权

指标名称	指标属性	处置前不良贷款率 熵	处置前不良贷款率 熵权	处置后不良贷款率 熵	处置后不良贷款率 熵权
$X1$ 资本充足率	正向	0.944 8	0.092 6	0.944 8	0.096 1
$X2$ 资本资产比例	正向	0.952 2	0.080 2	0.952 2	0.083 3
$X3$ 处置前不良贷款率	负向	0.965 0	0.058 6		
$X4$ 处置后不良贷款率	负向			0.962 3	0.065 6
$X5$ 拨备覆盖率	正向	0.836 3	0.274 5	0.861 0	0.242 0
$X6$ 最大十家客户贷款比例	负向	0.963 6	0.060 9	0.963 6	0.063 3

第6章 基于指标体系视角的创新指标信用风险评价有效性研究

续表

指标名称	指标属性	处置前不良贷款率 熵	处置前不良贷款率 熵权	处置后不良贷款率 熵	处置后不良贷款率 熵权
X_7 最大单一客户贷款比例	负向	0.958 7	0.069 3	0.958 7	0.071 9
X_8 存贷款比率	负向	0.951 5	0.081 4	0.951 5	0.084 5
X_9 手续费及佣金收入占比	正向	0.947 0	0.088 8	0.947 0	0.092 2
X_{10} 净利润/总资产	正向	0.922 7	0.129 6	0.922 7	0.134 5
X_{11} 成本收入比	正向	0.961 8	0.064 1	0.961 8	0.066 6

表6.6 2017年各指标的熵权

指标名称	指标属性	处置前不良贷款率 熵	处置前不良贷款率 熵权	处置后不良贷款率 熵	处置后不良贷款率 熵权
X_1 资本充足率	正向	0.941 2	0.113 4	0.941 2	0.113 7
X_2 资本资产比例	正向	0.974 7	0.048 8	0.974 7	0.048 9
X_3 处置前不良贷款率	负向	0.969 0	0.059 8		
X_4 处置后不良贷款率	负向			0.970 4	0.057 3
X_5 拨备覆盖率	正向	0.870 0	0.250 8	0.870 0	0.251 4
X_6 最大十家客户贷款比例	负向	0.975 7	0.046 9	0.975 7	0.047 0
X_7 最大单一客户贷款比例	负向	0.959 7	0.077 8	0.959 7	0.078 0
X_8 存贷款比率	负向	0.958 8	0.079 6	0.958 8	0.079 8
X_9 手续费及佣金收入占比	正向	0.937 8	0.119 9	0.937 8	0.120 2
X_{10} 净利润/总资产	正向	0.931 7	0.131 7	0.931 7	0.132 0
X_{11} 成本收入比	正向	0.963 0	0.071 4	0.963 0	0.071 6

从表6.5、表6.6中可以看出，2016年和2017年处置前不良贷款率和处置后不良贷款率的熵权均有差异，2016年处置前不良贷款率的熵权为0.058 6，处置后不良贷款率的熵权为0.065 6，2017年处置前不良贷款率的熵权为0.059 8，处置后不良贷款率的熵权为0.057 3。这一项指标熵权的差异也使得其他指标的熵权在不同的指标体系中有所差异，并最终影响评价结果。

6.3 信用风险评价

根据式(6.5)将标准化和熵权矩阵相乘得到加权判断矩阵数值，2016年加权判断矩阵如表6.7、表6.8、表6.9、表6.10所示。

表6.7　2016年加权判断矩阵(含处置前不良贷款率)

指标	工商银行	中国银行	建设银行	…	平安银行	农业银行	宁波银行
$X1$	0.085 2	0.077 8	0.092 6	…	0.092 6	0.092 6	0.092 6
$X2$	0.049 7	0.050 8	0.043 5	…	0.043 5	0.043 5	0.043 5
$X3$	0.038 7	0.044 0	0.045 9	…	0.045 9	0.045 9	0.045 9
$X5$	0.000 0	0.022 4	0.011 7	…	0.011 7	0.011 7	0.011 7
$X6$	0.055 6	0.053 7	0.055 4	…	0.055 4	0.055 4	0.055 4
$X7$	0.030 2	0.057 1	0.036 0	…	0.036 0	0.036 0	0.036 0
$X8$	0.032 4	0.022 9	0.024 1	…	0.024 1	0.024 1	0.024 1
$X9$	0.054 5	0.045 8	0.049 3	…	0.049 3	0.049 3	0.049 3
$X10$	0.027 0	0.046 4	0.041 1	…	0.041 1	0.041 1	0.041 1
$X11$	0.064 1	0.049 0	0.059 0	…	0.059 0	0.059 0	0.059 0

表6.8　2016年加权判断矩阵(含处置后不良贷款率)

指标	工商银行	中国银行	建设银行	…	平安银行	农业银行	宁波银行
$X1$	0.088 4	0.080 8	0.096 1	…	0.016 9	0.052 0	0.033 7
$X2$	0.051 5	0.052 7	0.045 1	…	0.033 0	0.032 3	0.020 0
$X4$	0.033 7	0.040 5	0.037 9	…	0.028 6	0.001 7	0.063 9
$X5$	0.000 0	0.019 7	0.010 3	…	0.014 1	0.027 7	0.162 1
$X6$	0.057 7	0.055 7	0.057 5	…	0.030 8	0.050 6	0.057 8
$X7$	0.031 4	0.059 3	0.037 4	…	0.022 7	0.000 0	0.066 6
$X8$	0.033 6	0.023 8	0.025 0	…	0.026 8	0.043 6	0.061 1
$X9$	0.056 6	0.047 5	0.051 2	…	0.069 5	0.046 5	0.068 6
$X10$	0.028 0	0.048 1	0.042 7	…	0.028 6	0.108 5	0.105 4
$X11$	0.066 6	0.050 9	0.061 3	…	0.023 4	0.042 7	0.036 5

第6章 基于指标体系视角的创新指标信用风险评价有效性研究

表6.9 2017年加权判断矩阵(含处置前不良贷款率)

指标	工商银行	中国银行	建设银行	…	平安银行	农业银行	宁波银行
$X1$	0.103 9	0.078 8	0.113 4	…	0.000 0	0.067 0	0.062 8
$X2$	0.041 9	0.036 1	0.039 2	…	0.017 1	0.026 0	0.021 5
$X3$	0.040 8	0.047 6	0.045 2	…	0.028 6	0.041 6	0.053 2
$X5$	0.015 0	0.018 6	0.026 9	…	0.013 0	0.052 8	0.250 8
$X6$	0.040 7	0.036 0	0.041 1	…	0.028 0	0.034 7	0.045 6
$X7$	0.029 8	0.043 6	0.037 7	…	0.026 0	0.000 0	0.071 9
$X8$	0.043 0	0.032 1	0.033 2	…	0.027 3	0.049 2	0.059 5
$X9$	0.065 3	0.062 0	0.064 3	…	0.102 7	0.043 7	0.080 9
$X10$	0.001 1	0.037 8	0.024 6	…	0.052 4	0.081 4	0.097 1
$X11$	0.069 0	0.050 2	0.068 9	…	0.020 8	0.046 1	0.044 7

表6.10 2017年加权判断矩阵(含处置后不良贷款率)

指标	工商银行	中国银行	建设银行	…	平安银行	农业银行	宁波银行
$X1$	0.104 2	0.079 0	0.113 7	…	0.000 0	0.067 1	0.062 9
$X2$	0.042 0	0.036 2	0.039 3	…	0.017 2	0.026 0	0.021 6
$X4$	0.030 7	0.034 3	0.032 8	…	0.025 2	0.021 2	0.057 3
$X5$	0.015 1	0.018 6	0.026 9	…	0.013 0	0.052 9	0.251 4
$X6$	0.040 8	0.036 1	0.041 2	…	0.028 1	0.034 8	0.045 7
$X7$	0.029 8	0.043 7	0.037 8	…	0.026 0	0.000 0	0.072 1
$X8$	0.043 1	0.032 1	0.033 3	…	0.027 3	0.049 4	0.059 7
$X9$	0.065 5	0.062 2	0.064 4	…	0.102 9	0.043 9	0.081 1
$X10$	0.001 1	0.037 9	0.024 7	…	0.052 5	0.081 6	0.097 4
$X11$	0.069 2	0.050 3	0.069 1	…	0.020 9	0.046 2	0.044 9

根据式(6.6)、式(6.7),2016年、2017年各指标的正负理想解 f_i^+、f_i^- 分别如表6.11、表6.12所示。

表 6.11　2016 年各指标的正负理想解

指标	X1	X2	X3	X5	X6	X7	X8	X9	X10	X11
f_i^+	0.092 6	0.080 2	0.000 0	0.274 5	0.000 0	0.000 0	0.000 0	0.088 8	0.129 6	0.064 1
f_i^-	0.000 0	0.000 0	0.058 6	0.000 0	0.060 9	0.069 3	0.081 4	0.000 0	0.000 0	0.000 0

指标	X1	X2	X4	X5	X6	X7	X8	X9	X10	X11
f_i^+	0.096 1	0.083 3	0.000 0	0.242 0	0.000 0	0.000 0	0.000 0	0.092 2	0.134 5	0.066 6
f_i^-	0.000 0	0.000 0	0.065 6	0.000 0	0.063 3	0.071 9	0.084 5	0.000 0	0.000 0	0.000 0

表 6.12　2017 年各指标的正负理想解

指标	X1	X2	X3	X5	X6	X7	X8	X9	X10	X11
f_i^+	0.113 4	0.048 8	0.000 0	0.250 8	0.000 0	0.000 0	0.000 0	0.119 9	0.131 7	0.071 4
f_i^-	0.000 0	0.000 0	0.059 8	0.000 0	0.046 9	0.077 8	0.079 6	0.000 0	0.000 0	0.000 0

指标	X1	X2	X4	X5	X6	X7	X8	X9	X10	X11
f_i^+	0.113 7	0.048 9	0.000 0	0.251 4	0.000 0	0.000 0	0.000 0	0.120 2	0.132 0	0.071 6
f_i^-	0.000 0	0.000 0	0.057 3	0.000 0	0.047 0	0.078 0	0.079 8	0.000 0	0.000 0	0.000 0

根据式(6.8)、式(6.9)、式(6.10)计算各银行的欧氏距离 C_i^+、C_i^- 及相对贴近度 C_i^*，2016 年、2017 年的各银行欧式距离、相对贴近度、排序如表 6.13、表 6.14 所示，左边 4 列表示用含有处置前不良贷款率的信用风险评价指标体系计算的欧氏距离、相对贴近度及排名，右边 4 列表示用含有处置后不良贷款率的信用风险评价指标体系计算的欧氏距离、相对贴近度及排名。

表 6.13　25 家上市商业银行 2016 年信用风险状况从好到坏排序

	Nplr_B				Nplr_A			
	C_i^+	C_i^-	C_i^*	排序	C_i^+	C_i^-	C_i^*	排序
浦发银行	0.308 0	0.125 3	0.289 2	21	0.289 9	0.130 5	0.310 5	21
华夏银行	0.287 3	0.148 9	0.341 4	13	0.263 0	0.155 8	0.372 1	11
民生银行	0.297 8	0.140 8	0.321 0	18	0.274 5	0.147 5	0.349 6	17

第6章 基于指标体系视角的创新指标信用风险评价有效性研究

续表

	Nplr_B				Nplr_A			
	C_i^+	C_i^-	C_i^*	排序	C_i^+	C_i^-	C_i^*	排序
招商银行	0.274 0	0.147 5	0.350 0	<u>11</u>	0.251 0	0.156 1	0.383 5	<u>10</u>
无锡银行	0.255 6	0.150 7	0.370 9	9	0.237 4	0.153 4	0.392 6	9
江苏银行	0.290 4	0.105 3	0.266 0	24	0.273 8	0.105 1	0.277 3	24
杭州银行	0.292 1	0.098 9	0.253 0	25	0.273 6	0.104 0	0.275 4	25
南京银行	0.187 3	0.288 7	0.606 5	1	0.196 0	0.259 2	0.569 5	1
常熟银行	0.236 9	0.186 3	0.440 2	3	0.222 8	0.188 3	0.458 0	<u>3</u>
兴业银行	0.281 5	0.115 4	0.290 7	<u>19</u>	0.267 5	0.117 2	0.304 7	<u>23</u>
北京银行	0.232 2	0.153 2	0.397 5	<u>7</u>	0.219 8	0.149 8	0.405 2	<u>8</u>
上海银行	0.245 4	0.143 6	0.369 1	<u>10</u>	0.237 3	0.138 3	0.368 2	<u>13</u>
农业银行	0.267 9	0.161 6	0.376 3	<u>8</u>	0.241 4	0.177 1	0.423 1	<u>6</u>
交通银行	0.290 6	0.143 7	0.330 9	<u>15</u>	0.264 0	0.150 8	0.363 6	<u>14</u>
工商银行	0.307 6	0.147 9	0.324 8	<u>17</u>	0.280 8	0.155 5	0.356 4	<u>16</u>
光大银行	0.310 8	0.123 5	0.284 3	<u>22</u>	0.288 1	0.130 3	0.311 5	<u>20</u>
建设银行	0.294 8	0.150 9	0.338 7	<u>14</u>	0.268 4	0.158 4	0.371 2	<u>12</u>
中国银行	0.286 8	0.140 0	0.328 1	<u>16</u>	0.262 2	0.146 2	0.357 4	<u>15</u>
贵阳银行	0.257 9	0.133 7	0.341 4	<u>12</u>	0.247 4	0.130 9	0.346 0	<u>18</u>
中信银行	0.302 4	0.116 2	0.277 7	<u>23</u>	0.277 5	0.124 8	0.310 2	<u>22</u>
吴江银行	0.259 1	0.187 7	0.420 1	4	0.233 2	0.197 0	0.457 9	4
平安银行	0.300 1	0.122 5	0.289 9	<u>20</u>	0.278 1	0.126 3	0.312 3	<u>19</u>
宁波银行	0.176 7	0.227 4	0.562 8	2	0.179 4	0.213 5	0.543 3	2
江阴银行	0.270 2	0.185 5	0.407 1	5	0.246 1	0.193 5	0.440 2	5
张家港行	0.266 5	0.175 9	0.397 7	<u>6</u>	0.245 0	0.177 2	0.419 7	<u>7</u>

由表6.13可以看出，①分别将处置前不良贷款率和处置后不良贷款率纳入信用风险评价指标体系，两种评价指标体系的评价结果中华夏银行、民生银行、招商银行、兴业银行等16家上市银行的信用风险排名出现了差异，其中华夏银行、民生银行、招商银行、中国农业银行、交通银行等11家银行用

含有处置后不良贷款率的信用风险评价指标体系进行评价比用含有处置前不良贷款率的信用风险评价指标体系进行评价的排名要更靠前，这说明用处置前不良贷款率和处置后不良贷款率对商业银行的信用风险进行评价会存在差异，并且在大多数情况下，商业银行将不良贷款进行处置后会使自己的信用风险状况变好。②2016年南京银行、宁波银行、常熟银行的信用风险状况较好，而中信银行、江苏银行、杭州银行的信用风险状况较差。

表6.14 25家上市商业银行2017年信用风险状况从好到坏排序

	Nplr_B				Nplr_A			
	C_i^+	C_i^-	C_i^*	排序	C_i^+	C_i^-	C_i^*	排序
浦发银行	0.312 7	0.138 6	0.307 1	24	0.312 1	0.144 4	0.316 3	24
华夏银行	0.268 4	0.156 5	0.368 2	14	0.268 8	0.157 2	0.369 1	14
民生银行	0.276 4	0.165 2	0.374 2	11	0.275 5	0.167 6	0.378 2	11
招商银行	0.196 6	0.212 5	0.519 4	3	0.193 6	0.214 7	0.525 8	3
无锡银行	0.267 2	0.130 4	0.327 9	23	0.265 8	0.131 9	0.331 7	23
江苏银行	0.279 2	0.101 8	0.267 1	25	0.279 3	0.102 6	0.268 6	25
杭州银行	0.250 7	0.146 9	0.369 4	13	0.247 9	0.149 6	0.376 3	13
南京银行	0.175 4	0.249 7	0.587 5	2	0.174 5	0.250 4	0.589 4	2
常熟银行	0.197 4	0.205 6	0.510 2	4	0.198 9	0.205 7	0.508 4	4
兴业银行	0.257 2	0.138 5	0.350 1	<u>18</u>	0.255 3	0.141 1	0.356 0	<u>17</u>
北京银行	0.234 4	0.149 3	0.389 1	9	0.231 5	0.150 4	0.393 9	9
上海银行	0.227 0	0.168 3	0.425 7	5	0.226 1	0.169 0	0.427 7	5
农业银行	0.237 1	0.161 4	0.405 1	7	0.235 0	0.164 8	0.412 2	7
交通银行	0.270 7	0.148 4	0.354 1	<u>17</u>	0.269 3	0.150 3	0.269 3	<u>16</u>
工商银行	0.286 0	0.160 7	0.359 8	<u>16</u>	0.285 5	0.162 2	0.285 5	<u>15</u>
光大银行	0.270 4	0.173 2	0.390 4	8	0.268 4	0.175 5	0.268 4	8
建设银行	0.266 6	0.169 1	0.38 1	10	0.265 4	0.170 7	0.265 4	10
中国银行	0.272 7	0.139 4	0.337 7	20	0.271 4	0.140 8	0.271 4	20
贵阳银行	0.256 0	0.127 5	0.332 4	22	0.255 3	0.128 5	0.255 3	22
中信银行	0.277 8	0.147 0	0.345 9	<u>19</u>	0.276 1	0.149 9	0.276 1	<u>18</u>
吴江银行	0.259 4	0.152 8	0.370 7	12	0.257 1	0.155 6	0.257 1	12
平安银行	0.287 4	0.144 7	0.334 9	21	0.287 8	0.145 2	0.287 8	21
宁波银行	0.142 6	0.292 8	0.672 4	1	0.144 5	0.293 5	0.144 5	1
江阴银行	0.257 3	0.185 3	0.418 7	6	0.258 0	0.185 0	0.258 0	6
张家港行	0.268 7	0.152 1	0.361 4	<u>15</u>	0.270 4	0.144 5	0.348 3	<u>19</u>

由表 6.14 可以看出，①和 2016 年的情况一样，分别将处置前不良贷款率和处置后不良贷款率纳入信用风险评价指标体系，两种评价指标体系的评价结果也有所不同。中兴业银行、交通银行、工商银行、中信银行、张家港行 5 家银行的信用风险排名用两种指标体系评价有差异，其中兴业银行、交通银行、工商银行、中信银行 4 家银行用含有处置后不良贷款率的信用风险评价指标体系进行评价比用含有处置前不良贷款率的信用风险评价指标体系进行评价的排名要更靠前。结合 2016 年的结论，更加说明了用处置前不良贷款率和处置后不良贷款率对商业银行的信用风险进行评价会存在差异，而且大多数情况下，商业银行将不良贷款进行处置后会使自己的信用风险状况变好。②2017 年宁波银行、南京银行、招商银行、常熟银行、上海银行的信用风险状况较好，而贵阳银行、无锡银行、浦发银行、江苏银行的信用风险状况较差。

6.4 本章小结

本章在前文的理论基础和实证结论上，分别将处置前不良贷款率和处置后不良贷款率纳入到信用风险评价的指标体系中，采用熵权-TOPSIS 法对中国 25 家上市商业银行的信用风险进行评价，得出了以下结论：①将处置前不良贷款率和处置后不良贷款率分别纳入信用风险评价指标体系中，评价结果有所差异。②大多数情况下，商业银行用含有处置后不良贷款率的信用风险评价体系评价出来的结果要比用含有处置前不良贷款率的信用风险评价体系评价出来的结果对自身更有利，这说明商业银行确实会通过对不良贷款率进行"处置"来"美化"信用风险状况。从另一个角度来说，也说明将处置前不良贷款率纳入到信用风险指标体系中也会使评价指标体系变得更加的严格。

本章的研究意义和启示在于：证明了将处置前不良贷款率代替处置后不良贷款率纳入信用风险评价指标体系中对银行的信用风险排名会有影响的结论，从指标体系的角度说明了用处置前不良贷款率代替处置后不良贷款率来进行信用风险评价会更加严格。本书的第 5 章、第 6 章和第 7 章的验证是一个层层递进的过程，第 5 章和第 6 章从单个指标的角度将处置前不良贷款率和处置后不良贷款率对商业银行倒闭风险以及效率的影响做比较，得出处置前不良贷款率作为信用风险评价指标更有优势的结论。第 7 章将处置前不良贷款率、处置后不良贷款率分别纳入指标体系中对 25 家上市商业银行的整体信用风险状况进行评价，依然得出了差异化的结论，更进一步说明了商业银行对不良贷款进行处置的过程"美化"了其财务状况。本章的研究内容使整个研究体系更加完整，使论证更加严谨。

第 7 章　创新指标影响因子研究

由前文可知，相较处置后不良贷款率，处置前不良贷款率作为信用风险评价指标更有优势。处置前不良贷款率作为单个信用风险评价指标与银行的倒闭风险有显著的正相关关系，与银行的效率有显著的负相关关系。将处置前不良贷款率纳入到银行信用风险评价体系之中，会使评价更加严格。因此，商业银行应该如何调整其经营管理策略来将处置前不良贷款率控制在一定范围内就是一个非常值得思考的问题。为了解决这个问题，本章将主要对处置前不良贷款率的影响因子进行研究。本章首先采用混合 OLS 模型来进行实证检验，在稳健性检验中，本书建立了动态面板模型，并用 GMM 方法来进行估计。另外，本书还专门对五个国有大型商业银行处置前不良贷款率的影响因子用 OLS 模型进行研究，并采用固定效应进行了稳健性检验。本章的结论为商业银行更好地进行信用风险管理提供了理论和实证支持。

7.1　背景分析

目前，我国经济的发展已经进入了新常态，经济增速放缓、增长模式由高速度增长阶段向高质量增长阶段过渡。在这种新常态下，商业银行的经营管理发生了很大的变化。具体体现在三个方面：一是创新动力不足，业务逐渐趋同。商业银行的发展会随着经济周期的变化而变化。在新常态下，商业银行的发展受限，监管逐渐增强，各商业银行无论是产品还是服务都逐渐趋同。二是银行的盈利模式逐渐发生改变，以前商业银行的盈利基本来源于存贷款利差，虽然现在存贷款利差收入依然占银行收入的比重很大，但是经济新常态下，利率市场化改革逐渐推进，存贷款利差不断缩小，银行已经开始拓展非贷业务和表外业务，并有了一定的发展。三是银行业竞争越来越激烈。银行产品趋于同化、外资银行的进入、互联网金融的兴起，民营银行的发展，都在一步步打破以往银行业的垄断局面，商业银行之间的竞争日益激烈。

经济新常态下，面对业务趋同、竞争逐渐激烈的局面，商业银行应该如何继续平稳健康地发展值得深思。对于商业银行而言，一方面要"开源"，寻找新的高质量的利润增长点；另一方面要"节流"，避免现有资产发生风险损失。对于商业银行而言，其最大的风险就是信用风险，因此，如何在规避信用风险的前提下实现利润最大化是商业银行目前最应该思考的问题。

一般而言，商业银行的信用风险既会受到微观因素的影响也会受到宏观经济因素的影响。本章将会对处置前不良贷款率的影响因素从理论到实证做全面分析。

7.2 理论基础和研究假说

理论对于银行最优资产组合有相互矛盾的建议。银行通过提供金融服务来获取客户的信息，这些信息被证明是有用的。从这个角度看，银行就能最优地将各种能够取得利息收入和非利息收入的业务结合在一起[130-131,133]，最终达到增加收入和分散风险的作用。然而，盲目多元化可能会使银行内部产生财务问题和代理问题[134-135]），在这种情况下，进一步多元化可能并不是最优的，内部人士支持多元化仅仅只是为了获取足够大的私人利益。还有一种观点认为，资产组合的差异可能会影响一家机构是因为资产流动性可能增加银行经理人用银行的利息进行交易的机会[136]，然后将业务分散到流动性更强的非传统银行活动，如产生非利息收入的交易活动，最终可能会增加银行的脆弱性，降低整体业绩。Huang[137]认为存款和非存款引发潜在流动性危机的可能性是不同的，Rajan[132]认为存款和非存款融资在融资成本变化的速度和规模方面也有所不同。Deyong[138]认为非利息收入的增多会导致收入波动性增加，Jonghe[139]发现非利息收入高的银行更容易受到外部极端环境的影响，Demirgüc[140]对101个国家的银行样本进行研究后发现，非利息收入水平较高的银行通常风险会比较高。总地来说，商业银行多元化发展的利弊取决于该银行的投资管理能力和风险管理能力。我国商业银行的收入中，利息收入仍占很大的比重，多元化投资水平并不高，据此，本章提出研究假说1：

研究假说1：上市商业银行非利息收入占比与其信用风险呈正相关的关系，非利息收入占比越高，处置前不良贷款率越高。

近几年，"人才战"不断升温，各省市相继出台人才引进政策，各企业、各金融机构也在大力引进人才。它们都期待人才的加入会给省市的管理、企业的发展带来新的发展思路。习近平总书记在党的二十大报告中指出："人才是第一资源，人才是重中之重"，对于商业银行来说也是这样。Daniel[141]通过对英国的银行进行分析，得出了银行业的创新与人力资源相关的结论，他指出人力资源稀缺是银行业发展面临的很大的问题。雷伟[142]提出了商业银行核心竞争力模型，他指出商业银行的核心竞争力是蕴藏于银行的人才、组织与过程之中的，态发展的知识系统，其中人力资源是核心竞争力的第一要素。聂香[143]认为银行业人才资源能够推动整个银行业的发展。蔡旸[144]提出了知识型员工的概念，知识型员工以知识为载体，为企业创造财富和价值。本章认为，一家上市商业银行，知识型员工越多，这家银行在降低信用风险上的意识和能力就越强。据此，本章提出研究假说2：

研究假说2：上市商业银行员工学历与其信用风险呈负相关关系。

贷款勉强理论，该理论最早由哥瓦尼（Gwyn）提出，其认为，对于银行的工作人员来说，其工作必须要满足其业绩要求，而其业绩考核指标是和贷款的完成额度相关的。出于完成业绩要求或者寻求自身利益最大化的目的，银行信贷工作人员会采用各种方法对本身没有达到审批要求的企业放款，会加快信贷的审批速度，简化审批程序，使得贷款勉强的问题出现，这样常常会造成不良贷款率的增加。Simon[145]通过对1992—1999年亚洲银行的情况进行分析，发现银行的成本与其信用风险之间存在着密切的关系。Podpiera[146]用分析了捷克斯洛伐克银行业1994—2005年的数据，得出了银行的成本与其信用风险呈负相关关系的结论。我们认为，一个银行处置前不良贷款率的大小，与其放贷时的成本投入有关。成本收入比越高，该银行的贷款审批程序越严谨，处置前不良贷款率越低。据此，本章提出研究假说3：

研究假说3：上市商业银行成本收入比与其信用风险呈负相关的关系。

金融系统牵一发而动全身，商业银行规模越大，其对金融系统的影响力也就越大，其所面临的监管将更加严格。Caprio[147]在研究中发现，强劲的监管能够对商业银行管理者的风险承担行为起到抑制的作用。王光伟[148]通过对2005—2013年的银行业数据进行分析，得出了银行不良贷款与其资产规模之间显著的相关关系，李美芳[149]也发现了银行信用风险和规模之间的负相关关系。本章认为上市银行规模对其信用风险的影响主要体现在两个方面：第一，银行规模越大，受监管越强劲，倒逼商业银行提高自身信用风险管理水平，从而处置前不良贷款率越低。第二，商业银行受监管强，风险承担行为减少，也会使商业银行的信用风险降低。据此，本章提出研究假说4：

研究假说4：上市商业银行规模与其信用风险呈负相关的关系，银行规模越大，处置前不良贷款率越低。

根据金融脆弱性理论，商业银行具有高负债、高杠杆的特点，因此，商业银行必然就存在脆弱的本质。巴塞尔银行监管委员会公布了全球系统重要性银行的评定标准，我国中国银行、工商银行、农业银行、建设银行分别在2011年、2013年、2014年、2015年入选，系统重要性银行需要具备额外的抵御风险的能力。索有[32]指出国有控股银行的风险管理应该更加审慎。五个大型国有商业银行是银行体系的重中之重，市场份额占有率高，业务覆盖面广，其信用风险受到其他因素影响的可能性更大。汤倩[150]指出国有大型商业银行不良贷款率与收益的相关关系比其他商业银行要更大。据此，本章提出研究假说5：

研究假说5：五个大型国有商业银行的处置前不良贷款率对于非利息收入占比、员工学历、收本收入比、银行规模的敏感性不同于其他上市商业银行。

7.3 研究设计

7.3.1 数据来源

本章选取2006—2017年中国25家上市商业银行作为研究样本。由于处置前不良贷款率的计算依赖于贷款迁徙率，而贷款迁徙率数据的公开性有限，所以本章只收集了25家上市商业银行的样本信息，得到2006—2017年的非平衡面板数据。这25家上市银行中包括国有大型上市商业银行5家，全国性股份制上市商业银行8家，上市城市商业银行12家，另外，这25家上市商业银行占我国商业银行资产总额的比重很大，具有很好的代表性。

本章银行层面的数据来自Wind数据库和同花顺IFinD数据库，作为中国领先的金融数据库，金融工程和财经数据仓库，具有较强的权威性，能够较好地反映中国上市商业银行的发展情况。本章宏观层面的数据，取自中国国家统计局网站。

7.3.2 变量界定和模型设定

7.3.2.1 被解释变量

本书对处置前不良贷款率的影响因子进行研究，被解释变量为处置前不良贷款率，用 Nplr_B 表示。将第4章中处置前不良贷款率的计算公式整合，得出式(7.1)。其中，Npl_{t-1}、Npl_t 分别为上期和本期报表上公布的不良贷款额，$MR_{t,normal}$ 表示本期正常类贷款迁徙率，$MR_{t,mention}$ 表示本期关注类贷款迁徙率，$Normal_{t-1}$、$Mention_{t-1}$ 分别表示上一期正常类贷款余额和关注类贷款余额，$Total\ loan_t$ 表示本期银行公布的贷款总额。

$$Npl\_B_t = Npl\_A_{t-1} + MR_{t,normal} \times Normal_{t-1} + MR_{t,mention} \times Mention_{t-1} \tag{7.1}$$

修正后的处置前不良贷款率为

$$\mathrm{Nplr\_B}_t = \frac{\mathrm{Npl\_B}_t}{\mathrm{Total\ loan}_t - \mathrm{Npl\_A}_t + \mathrm{Npl\_B}_t} \tag{7.2}$$

7.3.2.2 解释变量

本书主要的解释变量包括非利息收入占比(Nonii)、银行规模(Size)、成本收入比(Costre)以及员工学历(Degree),以验证商业银行业务多元化、规模、投资心态以及人才战略对银行信用风险的影响。

此外,中国五大银行业务涵盖面广泛、多元,他们代表了中国银行业最雄厚的实力和资本,同时,五大银行还是国有大型商业银行,其信用风险控制的好坏关系到整个金融系统乃至整个国家经济的正常发展。因此,本章还设置一个虚拟变量(Bigfive),中国工商银行、交通银行、中国农业银行、中国建设银行、中国银行为1,其他上市商业银行为0。为了更好地验证五大行的信用风险受商业银行业务多元化、规模、投资心态以及人才战略对银行信用风险的影响,本章还分别设置了非利息收入占比(Nonii)、银行规模(Size)、成本收入比(Costre)以及员工学历(Degree)与五大行(Bigfive)的交乘项,分别用 BigNonii、BigCostre、BigSize、BigDegree 表示。具体内容如表 7.1 所示。

7.3.2.3 控制变量

根据以往的研究,本章在研究处置前、后不良贷款率的影响因子时,还加入了宏观控制变量:GDP 增长率(GDP)以及广义货币增长率(M2)。

表 7.1 主要变量定义及测度

变量类型	变量名称	变量符号	变量定义
被解释变量	处置前不良贷款率	Nplr_B	计算得到的处置前不良贷款占修正后的贷款总额的比
解释变量	非利息收入占比	Nonii	非利息收入占总收入的比
	成本收入比	Costre	商业银行成本与收入的比
	银行规模	Size	各银行资产总额的自然对数
	员工学历	Degree	本科及以上学历员工占总员工数的比重
宏观控制变量	GDP 增长率	GDP	GDP 年度增长率
	广义货币增长率	M2	M2 增长率

续表

变量类型	变量名称	变量符号	变量定义
虚拟变量	虚拟变量(五大行)	Bigfive	工商银行、农业银行、中国银行、建设银行、交通银行为1,其他银行为0
交乘项	五大行非利息收入占比	BigNonii	Bigfive×Nonii
	五大行成本收入比	BigCostre	Bigfive×Costre
	五大行银行规模	BigSize	Bigfive×Size
	五大行员工学历	BigDegree	Bigfive×Degree

7.3.2.4 实证模型设定

为检验本章的研究假设,本章研究设置模型如式(7.3)所示。本书将采用随机效应模型来对方程的系数进行估计,式中,β_1、β_2、β_3、β_4的大小及其显著程度是本章关注的重点。此外,为了避免不同上市银行的随机扰动可能存在相关性,本章研究还对回归方程中的标准误进行了cluster处理。本章研究的实证分析均采用Stata13.0软件完成。

$$\text{Nplr\_B}_{it} = \beta_0 + \beta_1 \text{Nonii}_{it} + \beta_2 \text{Costre}_{it} + \beta_3 \text{Size}_{it} \\ + \beta_4 \text{Degree}_{it} + \beta_5 \text{Macro}_t + \varepsilon_{it} \quad (7.3)$$

为了进一步考察五大行处置前不良贷款率的影响因子,本书还设置了一个虚拟变量及其交乘项加入到模型中,如公式(7.4)所示。

$$\text{Nplr\_B}_{it} = \beta_0 + \beta_1 \text{Nonii}_{it} + \beta_2 \text{Costre}_{it} + \beta_3 \text{Size}_{it} + \beta_4 \text{Degree}_{it} \\ + \beta_6 \text{BigNonii}_{it} + \beta_7 \text{BigCostre}_{it} + \beta_8 \text{BigSize}_{it} \\ + \beta_9 \text{BigDegree}_{it} + \beta_{10} \text{Macro}_t + \varepsilon_{it} \quad (7.4)$$

式中,下标i和t表示第i家银行和第t年。Nplr_B代表处置前不良贷款率,Nonii代表非利息收入占比,Costre代表成本收入比,Size代表银行规模,Degree代表员工学历。Bigfive$_{\text{dummy}}$表示五大行的虚拟变量,若一家银行为五大行之一,则该虚拟变量为1,否则为0。BigNonii,BigCostre,BigSize和Bigdegree分别表示五大行(Bigfive)与非利息收入占比(Nonii)、银行规模(Size)、成本收入比(Costre)以及学历(Degree)的交乘项。Macro表示宏观变量,包括GDP增长率和M2增长率;β_0和ε分别表示截距项和残差项。

7.4 描述性统计

表 7.2 所示为相关变量的描述性统计，分别显示了本章研究中上市商业银行相关变量以及宏观经济变量的名称、样本数、均值、标准差等信息。由表 7.2 可以发现，处置前不良贷款率最大值 18.526 4，最小值 0.848 3，差异非常明显，说明不同的银行信用风险管理水平存在很大的差异。非利息收入占比最大值为 51.004 2，最小值为 −5.344 0，说明不同的商业银行对多元化投资的理念不同，非利息收入占比最小值为负，说明有些银行多元化投资水平有待提高。成本收入比体现一家银行投资获利的谨慎态度，最大值为 53.28，最小值为 17.697 2，将近 3 倍的成本差异，说明银行对待投资的审慎态度大不相同。员工学历最大值为 1，2013 年南京银行所有的员工都是本科生及以上学历，这可以看出这家银行对于人才的重视，同样，员工学历最小值仅为 0.108 2，说明商业银行在人才策略上也大相径庭。其他变量的基本统计量不再一一赘述。

表 7.2 变量统计描述

变量名	样本数目	均值	标准差	最小值	最大值
被解释变量					
Nplr_B	216	4.129 7	2.766 3	0.848 3	18.526 4
解释变量					
Nonii	266	4.129 7	2.766 3	−5.340 0	51.004 2
Size	299	27.459 1	1.949 8	23.681 9	30.892 5
Degree	167	0.699 8	0.162 3	0.108 2	1.000 0
Costre	273	32.821 2	5.620 2	17.697 2	53.280 0

续表

变量名	样本数目	均值	标准差	最小值	最大值
宏观控制变量					
GDP	300	9.060 0	2.298 4	6.700 0	14.200 0
M2	300	15.400 8	4.767 0	8.200 0	27.700 0
虚拟变量					
Bigfive	300	0.200 0	0.400 7	0.000 0	1.000 0
交乘项					
BigNonii	266	4.815 2	9.749 2	0.000 0	36.720 0
BigCostre	273	7.235 6	13.869 5	0.000 0	50.440 0
BigSize	299	6.008 8	12.015 7	0.000 0	30.892 5
BigDegree	167	0.159 0	0.260 4	0.000 0	0.806 1

图7.1所示分别是2006—2017年上市商业银行规模、非利息收入占比、成本收入比、员工学历与银行处置前不良贷款率年度均值走势图。从图(a)中可以看出，银行规模与处置前不良贷款率有三个交点，在大多数年份二者呈负相关关系；从图(b)中可以看出，非利息收入占比和处置前不良贷款率在大多数年份都是平行的关系，非利息收入占比和处置前不良贷款率正相关；从图(c)中可以看出，成本收入比增加时，处置前不良贷款率下降，成本收入比下降时，处置前不良贷款率上升，二者的负相关关系非常明显；从图(d)中可以看出，员工学历和处置前不良贷款率基本呈负相关关系。

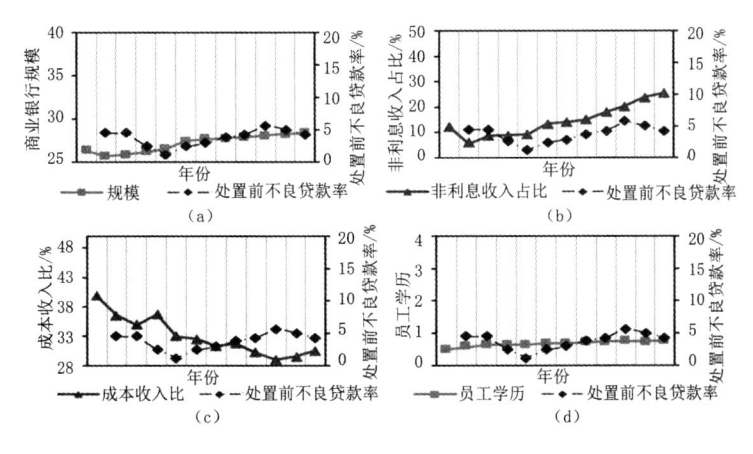

图7.1 2006—2017年银行各指标与银行处置前不良贷款率年度均值变动情况

本节还报告了表 7.1 中主要变量的 Pearson 相关系数，如表 7.3 所示。考虑版面的简洁性，表中未显示各变量相应的显著水平，从表中可以看出，各变量之间的大都处于 0.7 以下，不存在回归结果中的多重共线性问题。其中，银行非利息收入占比(Nonii)与处置前不良贷款率(Nplr_B)的相关系数为 0.035 0；银行规模(Size)与处置前不良贷款率(Nplr_B)的相关系数为 −0.244 8，并在 0.000 2 的水平上显著；员工学历(Degree)与处置前不良贷款率(Nplr_B)的相关系数为 −0.167 2，并在 0.036 4 的水平上显著，符合本章中前文的预期假说。其他变量的互相之间的相关系数不再一一赘述。

表 7.3　主要变量的 Pearson 相关系数

	Nplr_B	Nonii	Size	Degree	Costre	Bigfive	GDP	M2
Nplr_B	1							
Nonii	0.035 0	1						
Size	−0.244 8	0.656 5	1					
Degree	−0.167 2	0.096 1	−0.313 2	1				
Costre	0.016 9	−0.287 3	−0.247	−0.144 3	1			
Bigfive	−0.016 6	0.331 4	0.701 6	−0.605 9	0.017	1		
GDP	−0.264 7	−0.350 5	−0.044 3	−0.309 4	0.415 6	0.100 4	1	
M2	−0.116 1	−0.282 2	−0.036 5	−0.330 8	0.451 1	0.112 8	0.723 5	1

7.5　实证结果与分析

为了研究处置前不良贷款率的影响因子，检验上文中假说是否成立，本节将非利息收入占比、银行规模、员工学历、成本收入比，以及宏观控制变量 GDP 增长率和 M2 增长率依次纳入到模型中进行回归，估计结果如表 7.4 所示。表格的第(1)列到第(4)列为解释变量与被解释变量的基本估计结果，第(5)列在解释变量的基础上加入了宏观控制变量的估计结果。

如表7.4所示,非利息收入占比(Nonii)与处置前不良贷款率(Nplr_B)呈显著的正相关关系,这说明,从目前的情况来看,上市商业银行业务发展的多元化并没有起到分散风险的作用,银行的业务拓展能力有待提高,索有[32]用处置后的不良贷款率作为解释变量,亦得出过相同的结论。银行规模(Size)与处置前不良贷款率(Nplr_B)呈负相关的关系,规模越大的银行,处置前不良贷款率越低,这可能是因为银行规模越大,其对于整个金融系统的影响就越大,不论是监管单位对其进行的监管还是商业银行自身的管理都会更加地审慎。我们的这个结论与喻微锋[151]在研究互联网金融、商业银行规模与银行的风险承担时得出的银行规模与银行的风险承担负相关的结论一致。员工学历(Degree)与处置前不良贷款率(Nplr_B)呈显著的负相关关系,这说明一家银行本科及以上学历越多,其信用风险管理能力就越强。成本收入比(Costre)对处置前不良贷款率(Nplr_B)有显著的负影响。银行收入的主要来源为存贷利差,若银行为了片面追求利润最大成本最小而简化放款流程,大量发放贷款,往往会适得其反,使处置前的不良贷款率增加。汤倩[150]将成本收入比等指标纳入作为影响商业银行不良贷款率的指标来进行因子分析和回归分析,其也得出了收益性指标与银行的不良贷款率呈负相关的结论。

表7.4 处置前不良贷款率影响因子分析:Pooled OLS

变量	(1) Nplr_B	(2) Nplr_B	(3) Nplr_B	(4) Nplr_B	(5) Nplr_B
Constant	3.384***	37.63***	33.69***	51.46***	52.72***
	(5.174)	(3.957)	(3.414)	(4.968)	(4.290)
Nonii	0.0570***	0.144***	0.177***	0.152***	0.143***
	(2.782)	(3.989)	(4.871)	(4.959)	(4.761)
Size		−1.286***	−1.097***	−1.474***	−1.447***
		(−3.632)	(−3.071)	(−4.240)	(−3.666)
Degree			−2.445***	−3.321***	−3.219***
			(−4.568)	(−3.488)	(−3.272)*

续表

变量	(1) Nplr_B	(2) Nplr_B	(3) Nplr_B	(4) Nplr_B	(5) Nplr_B
Costre				−0.199***	−0.220***
				(−5.373)	(−6.083)
GDP					−0.347**
					(−2.286)
M2					0.103***
					(2.845)
Observations	216	216	157	157	157
R−sq	0.09	0.15	0.31	0.44	0.49

注：(1)括号内为经过 cluster 调整后的 Z 统计值；

(2)***，** 和 * 分别表示 1%，5% 和 10% 的显著性水平下显著。

为了进一步研究五个国有大型商业银行处置前不良贷款率的影响因子，本章继续将表示五大行的虚拟变量及其交乘项纳入到模型中进行回归，结果如表 7.5 所示。表 7.5 中关于非利息收入占比(Nonii)、银行规模(Size)、员工学历(Degree)以及成本收入比(Costre)的结论与表 7.4 一致。交乘项中五大行银行规模(BigSize)、五大行员工学历(BigDegree)分别与银行规模(Size)、员工学历(Degree)的符号相一致，这说明，对于五大行来说，其处置前不良贷款率对于规模、学历的影响更加敏感，五大行规模越大，其强有力的审慎监管就越能够有效抑制银行管理层的风险承担行为，处置前不良贷款率就越低；五个国有大型商业银行的规模越大，其管理就越错综复杂，其对于人才的需求度就越高。五大行的成本收入比(BigCostre)与成本收入比(Costre)的符号不一致，且 BigCostre 系数的绝对值小于 Costre 的绝对值，这说明对比五大行而言，和其他上市商业银行一样，成本收入比越高，其处置前不良贷款率越小，但是五大行这个指标对于处置前不良贷款率的影响没有其他银行那么敏感。

表 7.5　考虑交乘项的处置前不良贷款率影响因子分析：Pooled OLS

变量	(1) Nplr_B	(2) Nplr_B	(3) Nplr_B	(4) Nplr_B	(5) Nplr_B
Constant	61.10***	62.49***	62.97***	64.09***	63.71***
	(4.692)	(4.885)	(5.015)	(5.055)	(4.929)
Nonii	0.148***	0.154***	0.144***	0.144***	0.140***
	(4.896)	(4.852)	(4.872)	(4.876)	(4.635)
Size	−1.767***	−1.826***	−1.818***	−1.859***	−1.832***
	(−4.212)	(−4.403)	(−4.531)	(−4.583)	(−4.444)
Degree	−2.615***	−2.337***	−2.271***	−2.112***	−2.414***
	(−3.658)	(−3.293)	(−3.318)	(−3.087)	(−3.447)
Costre	−0.227***	−0.219***	−0.225***	−0.226***	−0.240***
	(−6.392)	(−6.047)	(−6.544)	(−6.587)	(−7.240)
GDP	−0.387**	−0.425***	−0.464***	−0.474***	−0.418***
	(−2.524)	(−2.947)	(−3.235)	(−3.211)	(−2.778)
M2	0.0993***	0.0947***	0.0859**	0.0854**	0.0803**
	(2.768)	(2.619)	(2.240)	(2.219)	(2.092)
BigNonii		−0.0694			
		(−1.229)			
BigSize			−1.132*		
			(−1.832)		
BigDegree				−4.600**	
				(−2.529)	
BigCostre					0.123***
					(2.705)
Observations	157	157	157	157	157
R-sq	0.49	0.50	0.51	0.50	0.50

注：(1) 括号内为经过 cluster 调整后的 Z 统计值；

(2) ***，** 和 * 分别表示 1%，5% 和 10% 的显著性水平下显著。

7.6 稳健性检验

为了避免由于模型选择失误而使回归结果发生偏误,本节将分别采用固定效应模型和动态面板模型对上文中研究处置前不良贷款率影响因子时得出的结论进行稳健性检验。

7.6.1 稳健性检验——固定效应模型

表7.6和表7.4的估计结果基本一致,由表7.6可以看出,处置前不良贷款率与非利息收入占比(Nonii)负相关,与银行规模(Size)、员工学历(Degree)、成本收入比(Costre)负相关。

表7.6 处置前不良贷款率影响因子分析:固定效应模型

变量	(1) Nplr_B	(2) Nplr_B	(3) Nplr_B	(4) Nplr_B	(5) Nplr_B
Constant	2.907***	46.96***	25.35**	54.21***	51.44***
	(7.701)	(4.169)	(2.541)	(7.052)	(6.303)
Nonii	0.0664***	0.163***	0.168***	0.153***	0.146***
	(3.237)	(4.078)	(4.464)	(4.874)	(4.847)
Size		−1.630***	−0.806**	−1.582***	−1.439***
		(−3.840)	(−2.091)	(−5.562)	(−4.882)
Degree			−2.606***	−2.745***	−2.114***
			(−3.000)	(−3.254)	(−3.091)
Costre				−0.209***	−0.249***
				(−6.543)	(−7.362)
GDP					−0.255*
					(−1.896)

续表

变量	(1) Nplr_B	(2) Nplr_B	(3) Nplr_B	(4) Nplr_B	(5) Nplr_B
M2					0.116***
					(3.154)
Observations	216	216	157	157	157
R-sq	0.065	0.154	0.318	0.442	0.499

注：(1) 括号内为经过 cluster 调整后的 Z 统计值；

(2) ***，** 和 * 分别表示 1%，5% 和 10% 的显著性水平下显著。

进一步，本章还对表 7.5 中得出的关于五个国有大型商业银行处置前不良贷款率影响因子的结论用固定效应模型进行稳健性检验，结果如表 7.7 所示。表 7.7 和表 7.5 的估计结果基本一致，相比其他上市商业银行，五大行的处置前不良贷款率对于规模、学历的影响更加敏感，五大行规模（Size）越大，本科及以上学历（Degree）越高，处置前不良贷款率（Nplr_B）就越高。五大行的成本收入比（BigCostre）与成本收入比（Costre）的符号不一致，且 BigCostre 系数的绝对值小于 Costre 的绝对值，这说明对比五大行而言，和其他上市商业银行一样，成本收入比越高，其处置前不良贷款率（Nplr_B）越小，但是五大行这个指标对于处置前不良贷款率的影响没有其他银行那么敏感。

表 7.7 五大行处置前不良贷款率影响因子分析：固定效应模型

变量	(1) Nplr_B	(2) Nplr_B	(3) Nplr_B	(4) Nplr_B	(5) Nplr_B
Constant	51.44***	54.83***	70.03***	58.12***	56.26***
	(6.303)	(5.818)	(5.324)	(5.973)	(6.804)
Nonii	0.146***	0.151***	0.143***	0.143***	0.140***
	(4.847)	(4.712)	(4.854)	(4.813)	(4.678)
Size	−1.439***	−1.546***	−1.674***	−1.627***	−1.607***
	(−4.882)	(−4.609)	(−5.049)	(−4.870)	(−5.381)

续表

变量	(1) Nplr_B	(2) Nplr_B	(3) Nplr_B	(4) Nplr_B	(5) Nplr_B
Degree	−2.114***	−1.913**	−1.660**	−1.759**	−1.932**
	(−3.091)	(−2.691)	(−2.201)	(−2.427)	(−2.694)
Costre	−0.249***	−0.240***	−0.243***	−0.245***	−0.258***
	(−7.362)	(−6.725)	(−6.897)	(−7.010)	(−8.025)
GDP	−0.255*	−0.305**	−0.385***	−0.361***	−0.313**
	(−1.896)	(−2.416)	(−2.905)	(−2.778)	(−2.391)
M2	0.116***	0.110***	0.0960**	0.101**	0.0961**
	(3.154)	(2.851)	(2.329)	(2.353)	(2.352)
BigNonii		−0.0549			
		(−0.939)			
BigSize			−1.252*		
			(−2.048)		
BigDegree				−3.677	
				(−1.593)	
BigCostre					0.106**
					(2.395)
Observations	157	157	157	157	157
R-sq	0.499	0.504	0.512	0.506	0.505

注：(1)括号内为经过cluster调整后的Z统计值；

(2)***, ** 和 * 分别表示1%, 5%和10%的显著性水平下显著。

7.6.2 稳健性检验——动态面板模型

为了避免上期处置前不良贷款率的存量对本期处置前不良贷款率产生影响而导致对处置前不良贷款率影响因子估计发生偏误，本节建立一个动态面板模型，将处置前不良贷款率的滞后项加入到模型中，如式(7.5)所示。

$$\text{Nplr\_B}_{it} = \alpha_0 + \alpha_1 \text{Nplr\_B}_{i,t-1} + \alpha_2 \text{Nonii}_{it} + \alpha_3 \text{Costre}_{it} + \alpha_4 \text{Size}_{it} + \alpha_5 \text{Degree}_{it} + \varepsilon_{it} \quad (7.5)$$

第 7 章 创新指标影响因子研究

在模型中加入了处置前不良贷款率的滞后变量后,再使用固定效应模型、随机效应模型等进行参数估计的话,由于模型内存在内生性,可能会导致估计结果有偏,因此本节采用广义矩估计方法(GMM)对式7.5进行估计,以降低模型因内生性产生的异方差问题。系统广义矩方法包含了差分广义矩方法和水平广义矩方法,将后两者作为一个系统去估计,因此,本章在进行广义矩估计时采用系统广义矩方法,并采用解释变量的滞后项作为工具变量来进行参数估计。

广义矩方法要求所有的变量都是平稳的,以避免在模型分析过程中出现伪回归,因此,本节对式(7.5)中涉及的主要指标进行平稳性检验,结果如表(7.8)所示。由于本书采用的是非平衡面板数据,所以本书采用费雪(Fisher)单位根检验来验证数据的平稳性。检验结果如表7.8所示。

表 7.8 Fisher 单位根检验

			Nplr_B	Nonii	Size	Degree	Costre
ADF	Trend and Individual	P	187.8731***	65.6764*	195.5436***	0.0000	143.3669***
		Z	−6.1811***	2.6865	−2.7267***		−0.0964
		$L*$	−13.3185***	0.9691	−6.5790***		−4.4754***
		P_m	17.1916***	1.5676*	14.5544***	−3.7417	9.3367***
	Individual	P	58.3095***	51.3134***	94.4529***	21.1597	86.0772***
		Z	−3.9379***	−1.8810**	−4.0567***	−1.0264	−4.6080***
		$L*$	−4.0560***	−1.8273**	−4.1688***	−0.9263	−4.5395***
		P_m	4.4805***	1.8047**	4.7411***	0.5266	5.1516***
Pperron	Trend and Individual	P	255.7021***	310.8415***	196.2252***	165.8613***	137.9172***
		Z	−6.6807***	−7.0905***	−7.1503***	−7.0417***	−1.5625**
		$L*$	−12.5719***	−14.6874***	−9.2443***	−10.8794***	−3.8488***
		P_m	20.5702***	26.0841***	14.6225***	15.3043***	8.7917***
	Individual	P	134.5969***	164.4965***	104.1425***	94.3862***	124.1427***
		Z	−3.6679***	−2.3529***	−0.8086	−3.9339***	−3.0823***
		$L*$	−5.3416***	−4.7075***	−2.0018**	−5.1066***	−5.0002***
		P_m	8.4597***	11.4497***	5.4142***	6.8809***	7.4143***

为了保证单位根检验的准确性，本节分别采用 ADF 类和 Pperron 类 Fisher 单位根检验来进行平稳性检验。Trend and Individual 表示在检验数据平稳性时考虑了趋势项、面板个体效应和截面项，Individual 表示在检验数据平稳性时考虑了面板个体效应和截面项，没有考虑趋势项。Fisher 检验通过四种检验方法来检验数据的平稳性，分别是 Inverse chi-squared 方法、Inverse normal 方法、Inverse logit t 方法和 Modified inv. chi-squared 方法，表 7.6 列出了这四种方法计算出来的统计值及显著性。***，** 和 * 分别表示 1%，5% 和 10% 的显著性水平下显著拒绝原假设。由表 7.6 可以看出，本章实证所采用的数据基本平稳，因此可以用 GMM 方法来估计动态面板模型。

表 7.9 所示为用系统 GMM 方法对式(7.5)进行估计的结果。由表 7.9 可以看出，其结论与表 7.4 和表 7.6 的结论基本一致：上市商业银行规模越大，其审慎监管就越能够有效地抑制银行管理层的风险承担行为，处置前不良贷款率越小；银行目前多元化，以及盲目地简化放款程序、片面降低成本会使处置前不良贷款率上升；高学历人才越多，银行的信用风险就越低。另外，上期处置前不良贷款率和本期处置前不良贷款率呈正相关关系，处置前不良贷款率的控制是一个长期而系统的工程。

广义矩估计方法还要求原模型扰动项二阶以上无自相关，因此本节为了保证估计的准确性，还对 AR(1) 和 AR(2) 进行检验，表 7.10 中 AR(2) 行为检验的 Z 值，四个估计中 AR(2) 均未拒绝原假设，说明设定模型中扰动项二阶以上无自相关。另外，为了对工具变量的有效性进行验证，本章还使用 Sargan 检验，并列出了检验的卡方(χ^2)值，四个估计的 Sargan 检验均未拒绝原假设，说明我们取的所有工具变量均有效。

表 7.9 处置前不良贷款率影响因子分析：动态面板模型

变量	(1) Nplr_B$_t$	(2) Nplr_B$_t$	(3) Nplr_B$_t$	(4) Nplr_B$_t$
Constant	5.238 3***	36.100 1**	56.383 1**	67.386 4***
	(4.88)	(2.22)	(2.47)	(10.30)
Nplr_B$_{t-1}$	0.591 9***	0.452 8***	0.309 2	0.201 5

续表

Variables	(1) Nplr_B$_t$	(2) Nplr_B$_t$	(3) Nplr_B$_t$	(4) Nplr_B$_t$
	(7.36)	(2.79)	(1.32)	(4.07)
Costre	−0.113 2***	−0.193 1***	−0.138 3**	−0.160 9***
	(−3.57)	(3.44)	(−2.48)	(9.93)
Size		−0.983 4**	−1.830 2**	−2.189 9**
		(−1.96)	(−2.34)	(−9.26)
Nonii			0.128 4***	0.139 8**
			(12.65)	(2.41)
Degree				−0529 7
				(−0.02)
Observations	216	216	157	157
AR(1)	−1.848 7*	−1.687 1*	0.130 1	0.253 0
AR(2)	1.599 8	0.144 2	0.280 9	0.282 0
Sargan 检验	23.764 6	24.650 9	23.811 5	19.804 8

注：(1)括号内为经过 cluster 调整后的 Z 统计值；

(2)***，**和*分别表示 1%，5%和 10%的显著性水平下显著。

7.7 本章小结

本章在前文的理论基础和实证结论上，提出了五个假设：①银行投资多元化程度越高，非利息收入占比越多，处置前不良贷款率越高；②上市商业银行规模与处置前不良贷款率负相关；③银行员工学历越高，信用风险就会越强，处置前不良贷款率越低；④若银行为了片面追求更大利润，简化放款程序，刻意降低成本，其处置前不良贷款率会增加，即银行的成本收入比越高，处置前不良贷款率可能更低；⑤五个大型国有商业银行作为系统重要性银行具有其特殊性,其处置前不良贷款率受到各种因素影响的程度和其他上市银行会有显著的差异。为验证这五个假设,本章设计实证使用2006—2017年的中国A股上市商业银行数据,采用混合OLS模型进行估计。为了避免因为模型设定误差导致的估计结果发生偏误,本书分别采用固定效应模型和动态面板模型对实证结论进行稳健性检验,检验结果进一步说明我们所得出的结论是稳健可靠的。

本书的主要结论有:①虽然一般来说投资多元化会降低风险,但是对于商业银行来讲,如何将银行资产进行合理的多元化配置需要一个过程来学习。非利息收入占比越高,银行的处置前不良贷款率越大,说明目前银行的收入来源主要还是存贷款利差,多元化投资仍然属于初级阶段,现阶段多元化程度越高,银行的信用风险越大。②上市商业银行的规模与处置前不良贷款率呈负相关的关系,这说明,一家银行在金融系统中所占的权重越大,其对于整个金融风险的影响就越大,监管单位就会更加审慎地对其管理层的风险承担行为进行监管。③人才战略对于商业银行来讲依然是有效的,银行的高学历人才越多,其信用风险也越低,因此,各商业银行都应该将人才战略放在首要位置,以实现银行的可持续健康发展。④银行的成本收入比与处置前不良贷款率呈负相关关系,这说明,任何时候银行都不能为了片面追求利润最大化而简化放款程序,在放款过程中必须要严格把关,对放款对象进行严格的资格审查和还款能力的评估。⑤对于五个大型国有商业银行来讲,其非利息收入占比、银行规模、员工学历、成本收入比对处置前不良贷款率的影响和其他上市银行一样,但是五大行的处置前不良贷款率对于银行规模和员工学历的影响更加敏感,而其成本收入比对处置前不良贷款率的影响弱于其他上市银行。

本章的研究意义和启示在于:①本章研究了处置前不良贷款率的影响因子,从商业银行自我信用风险管理的角度来讲,为商业银行对信用风险进行有针对性的管理提供了理论基础和实证支持。从信用风险监管的角度来讲,监管单位在对处置前不良贷款率进行监管时,也应该关注这些影响因素,实现对处置前不良贷款率的全面管理。②本章对五个大型国有商业银行处置前不良贷款率的影响因子进行了专门的研究,证明了其处置前不良贷款率对这些影响因子的敏感性与其他的上市银行有差异。因此，无论是五大行的管理者在进行信用风险管理时，还是监管单位对五大行进行信用风险监管时，都应该制定差异化的管理和监管措施。③第4章、第5章、第6章本书分别从单个指标和指标体系的角度验证了相比于处置后不良贷款率，处置前不良贷款作为信用风险评价指标的优越性。在此基础上，本章对处置前不良贷款率的影响因子进行研究，对商业银行进行信用风险管理提供有效建议。如果说第3章解释了商业银行处置前不良贷款率"是什么"的问题，第5章、第6章和第7章解释了"为什么"要用处置前不良贷款率对商业银行的信用风险进行评价的问题，那么本章就解决了"怎么做"才能使商业银行的信用风险控制在一定范围内的问题。本章研究的完成将本书的实证研究逻辑完整地展现出来。

第 8 章 我国银行信用风险管理的建议

从本书前面的理论和实证研究可以看出,相比处置后不良贷款率,处置前不良贷款率无论是就单个指标而言,还是就纳入评价指标体系而言,都更适合作为银行信用风险评价指标。通过对商业银行处置前不良贷款率的影响因子进行研究,以点及面,本章对商业银行进行信用风险的自我管理提出对策建议,对监管单位如何更好地实施银行信用风险监管,税务部门如何更好地对商业银行进行税源监测提出相应的政策建议,旨在维护银行业金融机构、金融系统乃至国民经济的平稳发展。

8.1 监管单位进行信用风险监管的建议

8.1.1 完善商业银行信息披露制度

现行的关于商业银行信息披露的规定是 2007 年通过当时的银行业监督委员会令通过的《商业银行信息披露办法》(以下简称《办法》),对信息披露的内容及信息披露的管理方式进行了规定和说明,然而该《办法》也仅仅是对银行风险信息披露提了一些很简单的要求,并不具体化,与《新巴塞尔协议》存在很大的差距,所以目前我国商业银行信息披露质量还有很大的提升空间。

随着商业银行业务不断向纵横发展,监管单位进行银行信用风险监管需要对商业银行信息披露提出更高的要求，以进一步加强商业银行的市场约束，进而有效地维护存款者以及其他类型客户的基本权益不受侵害，确保商业银行更加安全、稳健、高效地运行。以往，商业银行都会对其处置后的不良贷款进行信息披露，然而，从前文中的理论分析和实证分析我们得出，处置前不良贷款率会显著不仅会提高商业银行的倒闭风险，显著降低商业银行的效率，还会对下一期的倒闭风险也有显著的预警作用，而处置后不良贷款率对商业银行的倒闭风险、银行效率的影响没有那么显著。因此，本书认为，商业银行在进行信息披露时应该同时公布其处置前不良贷款率和处置后不良贷款率，不良贷款处置方式以及各种处置方式的处置金额以全面地揭示其信用风险。我国法律明确规定了商业银行的信息披露应该遵循准确性、完整性、可比性和真实性原则，对商业银行的处置前不良贷款率进行披露能使商业银行披露的信息更加完整，可比。

《商业银行风险监管核心指标》（以下简称《指标》）是监管单位对商业银行进行各类风险监管的准则，是对商业银行的各类风险进行评价、监督以及预警的参照，贷款迁徙率这个指标首先在《指标》中提出，对银行信用风险动态管理意义很大。然而，除了上市商业银行基本都按期公布该指标以外，还有很多商业银行没有对这一指标进行及时的公布，这也是本书只能采用上市银行作为研究样本的原因。完善信用风险信息披露最关键的一步是要优化信用风险的计量方法，对现有的信用风险评价指标进行重新评估，并在此基础上进行创新，努力提高信用风险管理水平的技术含量，提高信用风险评价指标的信息准确率，强化银行信用风险的定量披露和定性披露。

8.1.2 完善银行信用风险内部评价体系

信用风险评价是信用风险监管的重要环节，完善信用风险评价体系，我认为要做到以下两点：

一是完善、更新监管单位现行的银行信用风险评价系统。《指标》于 2006 年颁布，《指标》中与信用风险有关的监管指标包含不良资产率、全部关联度、单一集团客户的授信集中度三类静态指标和风险迁徙类这一类动态指标。随着国民经济、金融系统的不断发展，银行业与同业之间、与系统内不同行业之间、与系统外各行业之间的联系越来越紧密，金融创新的不断发展，金融模式日渐繁多，这不可避免地会带来新的信用问题，如果不及时对信用风险评价指标进行有效性评估，不定期对信用风险监管核心指标进行完善和更新就很有可能会出现新的潜在的信用风险。

二是结合高质量的信用评级公司的评级情况对商业银行的信用风险进行监管。信用评级机构是金融市场上一个非常重要的服务性中介机构，它是由经济、法律、财务等行业的专家组成，专门对评级对象进行信用评级。信用评级机构作为一个竞争性的市场主体，由于评级机构面临巨大的生存和发展压力，信用评级机构必须不断地加强与外部的交流合作，不断提高自身的业务和管理水平以适应不断变化的市场。因此，相比监管单位来讲，信用评级机构具有评价的客观性，而且其市场性更强，对商业银行进行评级时考虑的因素更加全面，也能够更迅速地应对外部市场的变化。监管单位对商业银行的信用风险进行评价的时候，应该参考评级机构的评级情况综合判断银行的信用风险水平。

8.1.3 结合当前经济形势对银行信用风险进行监管

银行信用风险不仅会受自身特征的影响，也会受到宏观经济因素等各方面的影响。前文中，我们已经证明了 GDP 增长率、广义货币增长率对于银行信用风险的影响。其他研究中，也曾经证明过经济周期等其他宏观因素对银行信用风险的影响。在市场经济中，经济和金融运行都呈现出周期性的特征。在不同的经济周期、金融周期运行阶段，商业银行面临不同的信用风险。例如，在经济、金融周期扩张时期，社会投资欲望、银行放款欲望很强，信贷规模扩大，信用风险相对较小。在经济、金融衰退时期，银行信贷规模下降，利润下降，借款人经营条件恶化，还款能力变差，此时，商业银行会面临较大的信用风险。

因此，我们认为在监管单位进行信用风险监管时也要考虑周期性的特征，进行逆周期性的监管。在金融周期的扩张时期，对商业银行的贷款总量和贷款质量进行严格的把控，控制贷款的急速膨胀；相反，在金融周期的衰退时期，适当放松对商业银行信用额度的监管，鼓励商业银行进行金融创新。除

第 8 章 我国银行信用风险管理的建议

此之外，监管单位还要密切关注国家财政政策和货币政策的变动，建立银行信用风险对于宏观经济变量的动态预警模型，实现对信用风险的实时监控。

8.2 商业银行进行信用风险管理的建议

8.2.1 完善信用风险管理体制

中国银行业监督管理委员会（现中国银行业和保险业监督管理委员会）于 2014 年颁布了《商业银行内部控制指引》（以下简称《指引》）以促进商业银行内部控制体系的建立和健全，有效进行风险防范，切实保障整个银行系统的稳健运行。各商业银行应该在遵循《指引》的基础上，进一步对本行的信用风险管理体制进行整合和优化。

完善银行的信用风险管理体制应该做到：①建立合理的公司治理结构。做好银行治理的顶层设计，优化股权结构和公司治理结构，建立长期有效的经营者激励和约束机制，完善信息披露制度，扩大信息披露的横向纵向范围，提高信息披露的质量，对信用风险及其他风险有关信息进行及时的披露、应对。②建立符合本银行实际情况的信用风险管理模型。我国大多数银行开始信用风险量化管理的时间并不长，很多基础数据保存不完善，积累不足，在建立符合自身信用风险管理模型时有诸多缺陷。因此，银行要重视基础数据库的建设，建立和完善客户信息，在借鉴国外优秀的信用风险管理模型的基础上，加上符合中国国情和银行自身特点的指标，开发特色信用风险管理模型。③完善信用风险管理有关的组织体系。目前，我国商业银行的组织体系基本是从总行到各省市分行再到地市分行再到区县支行、分理处等，这样的"金字塔"结构，管理层次繁多，信息传递不及时、决策滞后、风险集中，这样的组织体系为商业银行的信用风险管理带来了一定的困难。这样的宏观组织体系短期内很难发生改变，在这种情况下，我们应该更加重视和改善各商业银行各分支机构的微观组织体系。例如，完善商业银行贷款有关的风险控制机制，完善贷款"三查"制度、贷款风险保障制度、不良贷款催收责任制等制度；改进信贷资产相关业务的流程，完善风险控制体系，建立集中、有效的放款管理体制和高度权威的信贷稽查、评审制度，防止不良贷款的大规模发生。

8.2.2 重视内部信用文化建设

企业文化是企业的灵魂，是企业信奉并付诸于实践的价值理念，先进的企业文化已经在实践中展现出了强劲的生命力，在企业管理中发挥着越来越重要的作用。企业文化具有导向、凝聚、约束、促进、激励、辐射的作用，可以说企业文化对于提高内部员工的思想政治素质、丰富员工的精神生活、增强企业的向心力和凝聚力、充分调动企业员工的主动性、积极性和创造性、促使企业健康快速发展方面都具有非常重要的意义。

对于商业银行这个高杠杆的特殊企业，信用文化显得尤为重要，其资金来源建立在信用的基础上，其资产投放也建立在信用的基础上。亨利·穆勒对银行的信贷风险管理文化是这样描述的：因为信贷行为本身的特点，该行为既可保守又可以激进，也还可以介于保守与激进之间。一个对全企业有渗透力的，从企业CEO那里传播下来的对信贷的态度和行为模式能够对各信贷系统进行强有力的管制和约束。银行管理者的知识水平、管理能力、个人偏好等都会对银行的信用文化产生很大的影响，进而直接影响到商业银行对于信贷业务的态度。因此树立良好的信用文化就对企业的管理者提出了很高的要求，在贯彻正确的信用风险管理理念和信用风险价值理念的前提下，将信用风险价值观念进行提炼并深入探讨和研究银行信用风险管理文化，为信用风险管理文化的构建指明方向。

银行信用文化建设必须做到以下几点：①加强银行信用风险管理理念，对员工组织经常性的信用风险识别和控制方面的培训，并进行信用风险管理水平的考核，使其充分认识到信用风险暴露时后果的严重性。②在银行信用文化的建设过程中，管理者要充分发挥其领头羊的影响力，不断传播信用文化，并切实参与信用风险管理。以身作则，不做违反信用风险管理原则的行为，潜移默化地影响其下层员工，并维护信用文化的权威性。③一个高效信用文化的主要特征就是对信用风险非常的了解并且非常敏感，将信用风险管理贯穿于每一个银行工作者的行为和言语中，高层管理者可以对信用风险有关事项经常性的进行问询，要求员工定期书写信用风险报告，要求所有业务领域的员工都对其信用风险负责。

8.2.3 加强人才队伍建设

人才对于各个行业、整个社会发展所做的贡献不容小觑。银行业是一个知识密集型的产业，银行业的竞争也是人才的竞争。随着我国对外开放的不断发展，外资银行不断涌入，加之我国互联网金融的发展，银行牌照逐渐放开，民营银行逐渐增多，我国传统的商业银行面临前所未有的挑战，稍有不当，就有可能会面临更大的信用风险。在这种新形势下，银行业更需要加快其人才队伍建设。前文中，我们通过实证分析得出，上市商业银行高学历员工比重越大，其信用风险就越小，并且五大国有商业银行的信用风险对于员工学历的影响更加敏感。信用风险是商业银行最大的经营风险，面对"内忧外患"，商业银行人才队伍建设刻不容缓。

加强人才队伍建设，需要做到以下几点：①全方位积极引进专业人才。畅通社会招聘、校园招聘、资源型人才引进渠道，真正做到"唯才是用"。这里的专业人才并不仅仅指金融专业人才，还包括会计、管理、法律、计算机等银行相关专业的人才。此外，要更加积极地引进有相关从业经验的专业人才，以实现同行业不同企业之间各方面管理经验，特别是信用风险管理经验的交流。②培养任用年轻干部。积极发掘、选拔、培养和任用年轻干部，培养有理想信念和奉献精神的年轻工作者。银行的可持续发展需要一代又一代银行人的努力和传承，年轻人有想法有活力敢于创新，无论是对银行的盈利模式还是对其风险管理模式都更容易有新的更可行想法。对于年轻干部的培养，应该采取老带新的模式，实现银行一代又一代的顺利过渡。老员工在银行工作多年，有丰富的风险管理实战经验，对年轻人可以有很多宝贵而实用的管理建议，年轻干部可根据当前的发展需要，取其精髓去其糟粕，以更好地适应时代发展的需要。③健全人才培训机制。事实证明，一个企业发展速度越快，竞争能力越强、市场化水平越高，其培训机制就越完善。人才的培养必须做到人才总量与任务目标相一致,人才结构与职能需要相适应,重点培养其学习能力、盈利能力和风险管理能力。

8.3 本章小结

本章在前文处置前不良贷款率对商业银行倒闭风险、效率影响以及处置前不良贷款率影响因子的研究分析基础上,结合当前宏观经济的发展现状以及商业银行发展的实际情况,分别对监管单位、商业银行提出了基于处置前不良贷款率的信用风险监管和管理的对策建议。监管单位方面,本研究认为应该完善商业银行信息披露制度、完善银行信用风险内部评价体系、结合当前经济形势建立动态预警机制对银行信用风险进行有效监管;商业银行方面,本研究亦提出了三个对于信用风险管理的建议,分别是完善信用风险管理体制、重视内部信用文化建设和加强人才队伍建设。通过上述建议,本研究希望对于贷款迁徙率、处置前不良贷款以及银行信用风险的研究能够得到各方主体的充分认识和理解,希望商业银行能够更加重视对其信用风险的管理,希望监管单位能够采取更加全面、具体的措施对商业银行的信用风险进行监管。

参考文献

[1] 莫开伟. 银行隐瞒不良贷款藏隐忧[N]. 深圳商报, 2015-12-02(A02).

[2] Avery R B, Berger A N. Loan commitments and bank risk exposure [J]. Finance & Economics Discussion, 1991, 15(91): 173-192.

[3] 于立勇, 周燕. 银行信用风险衡量的一种新标准[J]. 数量经济技术经济研究, 2002(09): 80-83.

[4] 管杜娟. 银行信用风险衡量标准比较分析[J]. 商业时代, 2010(29): 59-60.

[5] 梁秋霞. 我国商业银行不良贷款影响因素的实证分析[J]. 吉林工商学院学报, 2012, 28(01): 69-74.

[6] 舒洛建. 利率市场化对我国中小银行信用风险的影响——基于Panel Data模型的分析[J]. 征信, 2014, 32(09): 53-56.

[7] 梁秀霞. 商业银行股权结构对信用风险的影响研究[J]. 环渤海经济瞭望, 2018(03): 37.

[8] 熊利平, 蔡幸. 基于隐含不良贷款率加强银行信用风险预判的研究[J]. 金融监管研究, 2012(10): 48-63.

[9] 杨星, 郭彩琴. 我国国债信用风险管理实证研究[J]. 预测, 2004(02): 14-17.

[10] 马若微. KMV模型运用于中国上市公司财务困境预警的实证检验[J]. 数理统计与管理, 2006(05): 593-601.

[11] 王建稳, 梁彦军. 基于KMV模型的我国上市公司信用风险研究[J]. 数学的实践与认识, 2008(10): 46-52.

[12] 宋遂周, 汪彤. 企业财务困境预警模型分析[J]. 北京邮电大学学报(社会科学版), 2009, 11(03): 72-75.

[13]张颖,马玉林.基于因子分析的Logistic违约概率模型[J].桂林理工大学学报,2010,30(01):174-178.

[14]汪文渊,谢潇衡,何幼桦.CreditMetrics模型中转移概率和风险价值的计算[J].上海大学学报(自然科学版),2008(02):142-147.

[15]彭书杰,胡素华.信用风险模型综述[J].地质技术经济管理,2003(02):36-40.

[16]曹道胜,何明升.银行信用风险模型的比较及其借鉴[J].金融研究,2006(10):90-97.

[17]管述学,庄宇.熵权-TOPSIS模型在银行信用风险评估中的应用[J].情报杂志,2008,27(12):3-5+10.

[18]沈华.基于熵权和TOPSIS法我国上市商业银行收益质量评价研究[J].现代商业,2013(35):36.

[19]邬文帅,寇纲,石勇.基于改进的TOPSIS模型的银行信用风险实证研究[C]物流系统工程学术研讨会.2011.

[20]吕品.中小银行信用风险评价研究[D].大连理工大学,2014.

[21]王军栋.层次分析法在小额贷款信用风险评估中的应用分析[J].金融理论与实践,2013(01):58-60.

[22]焦鹏飞,屈国强.基于层次分析法的商业银行个人住房贷款信用风险评估[J].金融经济,2016(22):83-86.

[23]刘杰.基于主成分分析的我国银行信用风险评价指标研究[J].中国集体经济,2009(11S):83-84.

[24]白雪梅,臧微.信用风险对中国商业银行成本效率的影响[J].财经问题研究,2013(02):54-59.

[25]徐辉,李健,钟惠波.银行成本效率与不良贷款影响的动态效应研究——基于SFA测度分析的应用[J].武汉金融,2013(02):11-14.

[26]周丽莉,丁东洋.信息不对称视角下信用风险转移对金融稳定的影响研究[J].经济经纬,2010(03):134-138.

[27]管征,赵永清.信用风险对商业银行净息差水平的影响分析——基于2011—2015年中国银行业面板数据[J].金融理论与实践,2017(05):27-32.

[28]彭建刚,邹克,张倚胜.不良贷款率对银行业影响的统计关系检验[J].湖南大学学报(社会科学版),2015,29(05):58-64.

[29]刘莉亚,李明辉,孙莎,等.中国银行业净息差与非利息收入的关系研究[J].经济研

究，2014，49(07)：110-124.

[30]赵旭. 银行利差多维度量及影响因素：基于中国银行业1998-2006年经验证据[J]. 金融研究，2009(01)：66-80.

[31]熊启跃，赵阳，廖泽州. 国际化会影响银行的净息差水平么？——来自全球大型银行的经验证据[J]. 金融研究，2016(07)：64-79.

[32]索有. 我国上市银行不良贷款影响因素研究——基于动态面板数据模型[J]. 社会科学辑刊，2015(02)：114-120.

[33]王震蕾，秦嵩. 不良贷款影响因素及其动态路径研究[J]. 杭州电子科技大学学报(社会科学版)，2018，14(02)：27-32.

[34]韩笑，徐少君. 我国宏观经济对商业银行不良贷款影响的实证分析[J]. 经营与管理，2015(07)：88-95.

[35]中国工商银行环境因素压力测试课题组. 环境因素对银行信用风险的影响——基于中国工商银行的压力测试研究与应用[J]. 金融论坛，2016，21(02)：3-16.

[36]卞志宏. 银行信用风险监管综述[J]. 产业与科技论坛，2011，10(19)：49-49.

[37]卞姗姗. 银行信用风险监管综述[J]. 中国证券期货，2011，10(5)：61-62.

[38]Ramos R, et al., Asian Bank NPLs: How High, How Structural? Tying NPL Estimates to the Real Sector, Goldman Sachs, 1998.

[39]Heytens P, and Karacadag C. An Attempt to Profile the Finance of China's Enterprise Sector, IMF Working Paper, WP 2001/182, 2001.

[40]马宁，程博为. 中国：金融服务—中国信贷观察，高华证券研究报告，2012年5月8日.

[41]杨冰. 对商业银行打包转让不良资产情况的调查与思考——以江苏省泰州市为例[J]. 改革与战略，2014(12)：59-61.

[42]马喜立. 严监管背景下商业银行不良贷款的应对策略研究[J]. 现代管理科学，2018(1)：14-18.

[43]陈蕾. 浅析金融监管对银行信用风险的控制[J]. 科技经济市场，2006(02)：61.

[44]董裕平，范彦君. 依赖信用评级的监管成因及其风险分析[J]. 银行家，2014(10)：86-88.

[45]卢恒. 我国银行信用风险及其政府监管探讨[J]. 新经济，2016(32)：48-49.

[46]赵方方. 信用风险视角下影子银行风险的防范及其监管[J]. 对外经贸，2013(04)：101-102.

[47]王静.银行信用风险管理与监管[J].现代商业,2013(11):21-22.

[48]周国和.完善信用监管体系防范系统性金融风险[N].深圳特区报,2018-01-02(A12).

[49]王刚.我国银行信用风险管理存在的问题及对策[J].天津工程师范学院学报,2007(01):54-56.

[50]张苏彤,李来幸.我国银行信用风险披露的改进[J].金融会计,2003(05):7-10+1.

[51]王健,许静.我国银行信用风险评价研究[J].合作经济与科技,2013(15):66-67.

[52]山东银监局信用风险预警研究课题组,刘悦芹.基于监管视角的信用风险预警研究[J].金融监管研究,2014(10):28-44.

[53]中国银监会银行风险早期预警综合系统课题组.单体银行风险预警体系的构建[J].金融研究,2009(03):39-53.

[54]章彰.银行信用风险管理 兼论巴塞尔新资本协议[M].中国人民大学出版社,2002.

[55]巴曙松.巴塞尔委员会的授信风险集中度管理原则及其国际比较[J].中国金融,2002(3):45-47.

[56]赵先信.银行内部模型和监管模型[M].上海人民出版社,2004.

[57]武剑.内部评级法中的违约损失率(LGD)模型——新资本协议核心技术研究[J].国际金融研究,2005(2):15-22.

[58]巴曙松.巴塞尔资本协议Ⅲ的新进展[J].中国金融,2010(z1):98-99.

[59]丁湘.基于新巴塞尔协议对我国银行信用风险的控制[J].时代金融,2015(3).

[60]刘展.我国中小商业银行实施巴塞尔新资本协议内部评级法问题研究[J].南方金融,2014(8):42-45.

[61]Beaver W H. Financial Ratios As Predictors of Failure [J]. Journal of Accounting Research,1966,4(1):71-111.

[62]Altman E I, Saunders A. Credit risk measurement: Developments over the last 20 years [J]. Journal of Banking & Finance,1997,21(11-12):1721-1742.

[63]Ohlson J A. Financial Ratios and the Probabilistic Prediction of Bankruptcy [J]. Journal of Accounting Research,1980,18(1):109-131.

[64]Zmijewski M E. Methodologieal issues related to the estimation of financial distress Prediction models[J]. Journal of Accounting Research,1984(22):59-86.

[65]Messier W F, Hansen J V. Inducing Rules for Expert System Development: An Example Using Default and Bankruptcy Data [J]. Management Science,1988,34(12):1403-1415.

[66]Varetto F. Genetic algorithms in the analysis of insolvency risk [J]. Journal of Banking & Finance, 1998, 22(10-11): 1421-1439.

[67]Altman E I, Marco G, Varetto F. Corporate distress diagnosis: Comparisons using linear discriminant analysis and neural networks (the Italian experience) [J]. Journal of Banking & Finance, 1994, 18(3): 505-529.

[68]Trippi R R, Turban E. Neural Networks in Finance and Investing: Using Artificial Intelligence to Improve Real World Performance [M]. McGraw-Hill, Inc. 1992.

[69]Longstaff F A, Schwartz E S. Valuing Credit Derivatives [J]. Journal of Fixed Income, 1995, 5(5): 6-12.

[70]Berger H, Woitek U. Does Conservatism Matter? A Time-Series Approach to Central Bank Behaviour[J]. Economic Journal, 2005, 115(505): 745-766.

[71]Frame W S, Woosley L. Credit Scoring and the Availability of Small Business Credit in Low- and Moderate-Income Areas [J]. Financial Review, 2010, 39(1): 35-54.

[72]Huizinga H. Determinants of Commercial Bank Interest Margins and Profitability: Some International Evidence [J]. World Bank Economic Review, 1999, 13(2): 379-408.

[73]Demirgüçkunt A, Huizinga H. Financial Structure and Bank Profitability [J]. Social Science Electronic Publishing, 2000: 243-261.

[74]Louzis D P, Vouldis A T, Metaxas V L. Macroeconomic and Bank-Specific Determinants of Non-Performing Loans in Greece: A Comparative Study of Mortgage, Business and Consumer Loan Portfolios [J]. Working Papers, 2010, 36(4): 1012-1027.

[75]Dimitrios A, Helen L, Mike T. Determinants of non-performing loans: Evidence from Euro-area countries [J]. Finance Research Letters, 2016, 18: 116-119.

[76]Berger A N, Deyoung R. Problem loans and cost efficiency in commercial banks [J]. Journal of Banking & Finance, 1997, 21(6): 849-870.

[77]Podpiera J, Weill L. Bad luck or bad management? Emerging banking market experience [J]. Journal of Financial Stability, 2008, 4(2): 135-148.

[78]Ghosh S. Does leverage influence banks' non-performing loans? Evidence from India [J]. Applied Economics Letters, 2005, 12(15): 913-918.

[79]Espinoza R A, Prasad A. Nonperforming Loans in the GCC Banking System and Their Macroeconomic Effects [J]. IMF Working Papers, 2010, 10(224).

[80]Kauko K. External deficits and non-performing loans in the recent financial crisis [J].

Economics Letters, 2012, 115(2): 196-199.

[81] Beck R, Jakubik P, Piloiu A. Key Determinants of Non-performing Loans: New Evidence from a Global Sample [J]. Open Economies Review, 2015, 26(3): 525-550.

[82] Ghosh A. Banking-industry specific and regional economic determinants of non-performing loans: Evidence from US states [J]. Journal of Financial Stability, 2015, 20: 93-104.

[83] Ozili P K. How Bank Managers Anticipate Non-Performing Loans. Evidence from Europe, US, Asia and Africa [J]. Mpra Paper, 2015, 1(2): 73-80.

[84] Messai A S, Jouini F. Micro and macro determinants of non-performing loans [J]. International Journal of Economics & Financial Issues, 2013, 3: 852 - 860.

[85] Makri V, Tsaganos A, Bellas A. Determinants of Non-Performing Loans: The Case of Eurozone [J]. Panoeconomicus, 2014, 61(2): 193-206.

[86] 敬志勇, 王周伟, 孔东民. 中国上市银行内部评级体系有效性研究[J]. 财贸经济, 2015(12): 61-73.

[87] 沈中华. 台湾银行不良债权抵押品鉴价、回收率及处理方式之研究; Investigations on the Appraisal, Recovery Rate and Disposal of the Non-Performing Loans (NPLs) in Taiwan [J]. 2003.

[88] 章格平. 信用迁移过程中商业银行贷款风险分析与控制[D]. 上海: 复旦大学, 2004.

[89] 彭莉. 基于KMV模型的商业银行信用风险度量研究[D]. 长沙: 中南大学, 2007.

[90] 刘宇琪. 商业银行风险管理概述[J]. 时代金融, 2012(30): 127-127.

[91] Delis M D, Staikouras P K. Supervisory Effectiveness and Bank Risk [J]. Review of Finance, 2010, 15(3): 511-543.

[92] Keeley M C. Deposit Insurance, Risk, and Market Power in Banking. [J]. American Economic Review, 1990, 80(5): 1183-1200.

[93] Cypher J M. Mexico: Financial Fragility or Structural Crisis? [J]. Journal of Economic Issues, 1996, 30(2): 451-461.

[94] 黄立新, 郑建明. 银根松紧与银行贷款质量[J]. 中国软科学, 2012(01): 47-56.

[95] 徐成江. 中国银行业市场结构与贷款质量的关系研究[J]. 武汉金融, 2017(10): 46-53.

[96] Friedman M, Schwartz A J. Has government any role in money? [J]. Journal of Monetary Economics, 2009, 17(1): 37-62.

[97]Saunders A, Strock E, Travlos N G. Ownership Structure, Deregulation, and Bank Risk Taking [J]. The Journal of Finance, 1990, 45(2): 12.

[98]Boyd J H, Hakenes H. Looting and Gambling in Banking Crises [J]. Ssrn Electronic Journal, 2008.

[99]Ferreira M A, Matos P P. The Colors of Investors' Money: The Role of Institutional Investors Around the World [J]. Journal of Financial Economics, 2008, 88(3): 499-533.

[100]Laeven L, Levine R. Bank governance, regulation and risk taking [J]. Journal of Financial Economics, 2009, 93(2): 259-275.

[101]牛丽娟. 资本充足率、股权结构与商业银行风险承担的实证检验[J]. 统计与决策, 2015(22): 155-157.

[102]周开国, 邓月. 政府控股对商业银行风险承担的影响——基于国际银行业的证据[J]. 国际金融研究, 2016, 353(9): 51-62.

[103]Roy A D. Safety First and the Holding of Assets [J]. Econometrica, 1952, 20(3): 431-449.

[104]Hannan T H, Hanweck G A. Bank Insolvency Risk and the Market for Large Certificates of Deposit [J]. Journal of Money Credit & Banking, 1988, 20(2): 203-211.

[105]Boyd J H, Graham S L, Hewitt R S. Bank holding company mergers with nonbank financial firms: Effects on the risk of failure [J]. Journal of Banking & Finance, 1993, 17(1): 43-63.

[106]De Nicolo G. Size, Charter Value and Risk in Banking: An International Perspective [J]. International Finance Discussion Papers, 2000(May): 197-215.

[107]Beck T, Demirgüç-Kunt A, Merrouche O. Islamic vs. conventional banking: Business model, efficiency and stability [J]. Journal of Banking & Finance, 2013, 37(2): 433-447.

[108]Farrell M J. The Measurement of Productive Efficiency [J]. Journal of the Royal Statistical Society, 1957, 120(3): 253-290.

[109]Berger A N, Mester L J, Santomero A M. Financial Institutions Center Inside the Black Box: What Explains Differences in the Efficiencies of Financial Institutions? [J]. Journal of Banking & Finance, 1997, 21(21): 895-947.

[110] Leibenstein H. Allocative Efficiency vs. "X-Efficiency"[J]. American Economic Review, 1966, 56(3): 392-415.

[111] Frei F X, Harker P T, Hunter L W. Inside the Black Box: What Makes a Bank Efficient?[J]. Center for Financial Institutions Working Papers, 2000.

[112] Schmidt L P. Formulation and estimation of stochastic frontier production function models.[J]. Journal of Econometrics, 1977, 6(1): 21-37.

[113] Berger A N, Deyoung R. Problem loans and cost efficiency in commercial banks[J]. Journal of Banking & Finance, 1997, 21(6): 849-870.

[114] Lensink R, Meesters A, Naaborg I. Bank efficiency and foreign ownership: Do good institutions matter?[J]. Journal of Banking & Finance, 2008, 32(5): 834-844.

[115] Battese G E, Coelli T J. A model for technical inefficiency effects in a stochastic frontier production function for panel data[J]. Empirical Economics, 1995, 20(2): 325-332.

[116] Pollard S. Estimating Technical and Allocative Efficiency Relative to Stochastic Production and Cost Frontiers[J]. Journal of Econometrics, 1979, 9(3): 343-366.

[117] Jondrow J, Lovell C A K, Materov I S, et al. On the estimation of technical inefficiency in the stochastic frontier production function model[J]. Journal of Econometrics, 1982, 19(2): 233-238.

[118] 马琳洁.信用风险对我国商业银行效率的影响研究[D].湖南大学,2008.

[119] Berger, N., Humphrey, B. Measurement and Efficiency Issues in Commercial Banking[J]. European Journal of Operational Research, 1993, 98(2): 175-212.

[120] Schure P, O'Brien D, Wagenvoort R. The Efficiency and the Conduct of European Banks: Developments after 1992[J]. Review of Financial Economics, 2002, 13(4): 371-396.

[121] 王聪,邹朋飞.基于资本结构和风险考虑的中国商业银行X—效率研究[J].管理世界,2006(11):6-12.

[122] 朱南,卓贤,董屹.关于我国国有商业银行效率的实证分析与改革策略[J].管理世界,2004(2):18-26.

[123] 刘琛,宋蔚兰.基于SFA的中国商业银行效率研究[J].金融研究,2004(6):138-142.

[124] 郑录军,曹廷求.我国商业银行效率及其影响因素的实证分析[J].金融研究,2005(1):91-101.

[125] 邱兆祥,张磊.经过风险调整的商业银行利润效率评价研究——基于随机利润边界方

法[J]. 金融研究，2007(3)：98-111.

[126]Pasiouras F. Estimating the technical and scale efficiency of Greek commercial banks: The impact of credit risk, off-balance sheet activities, and international operations [J]. Research in International Business & Finance, 2006, 22(3): 301-318.

[127]姚广朋. 银行市场势力对银行效率的影响[D]. 济南：山东大学，2018.

[128]曾卫. 基于熵权TOPSIS法的银行经营实力的综合评价[J]. 统计与决策，2007(19)：76-78.

[129]管述学，庄宇. 熵权-TOPSIS模型在商业银行信用风险评估中的应用[J]. 情报杂志，2008，27(12)：3-5+10.

[130]Diamond, Douglas W. Monitoring and Reputation: The Choice between Bank Loans and Directly Placed Debt [J]. Journal of Political Economy, 1991, 99(4): 689-721.

[131]RAJAN, Raghuram G. Insiders and Outsiders: The Choice between Informed and Arm\"s-Length Debt [J]. The Journal of Finance, 1992, 47(4): 1367-1400.

[132]Caltavuturo L. Universal banking in the United States: What could we gain? What could we lose? : Anthony Saunders and Ingo Walter Oxford University Press New York 1994[J]. Columbia Journal of World Business, 1994, 29(4): 0-84.

[133] Stein J C. Information Production and Capital Allocation: Decentralized versus Hierarchical Firms [J]. The Journal of Finance, 2002, 57(5): 1891-1921.

[134]Jensen M C, Meckling W H. Theory of the Firm: Managerial Behavior, Agency Costs and Ownership Structure [J]. Social Science Electronic Publishing.

[135]Jensen M. "Agency Costs of Free Cash Flow, Corporate Finance, and Takeovers"[J]. American Economic Review, 1999, 76(2): 323-329.

[136]Myers S C, Rajan R G. The Paradox of Liquidity [J]. The Quarterly Journal of Economics, 1998, 113(3): 733-771.

[137] Huang, R., and Ratnovski, L., 2008. The dark side of bank wholesale funding. Mimeo, International Monetary Fund, Washington, DC.

[138]DeYoung, R., Roland, K. Product Mix and Earnings Volatility at Commercial Banks: Evidence from a Degree of Total LeverageModel [J]. Journal of Financial Intermediation, 2001, 10(1): 54-84.

[139]Jonghe O D. Back to the basics in banking? A micro-analysis of banking system stability [J]. Journal of Financial Intermediation, 2010, 19(3): 387-417.

[140]Demirgüç-Kunt A, Huizinga H. Bank activity and funding strategies: The impact on risk and returns [J]. Social Science Electronic Publishing, 2009, 98(3): 626-650.

[141]Daniel E. Provision of electronic banking in the UK and the Republic of Ireland [J]. International Journal of Bank Marketing, 1999, 17(2): 72.

[142]雷伟. 四大商业银行核心竞争力探析[D]. 成都: 西南财经大学, 2008.

[143]聂香. 中国银行业人力资源管理研究[D]. 哈尔滨: 黑龙江大学, 2007.

[144]蔡旸. Z银行H分行人才流失现状与对策研究[D]. 济南: 山东大学, 2017.

[145]Simon H. Operating Performance of Bank among Asian Economics: An Inte-rnational and Time Series Comperison [J]. Journal of Banking & Finance, 2003(9): 99-103.

[146]Podpiera J, Weill L. Bad Luck or Bad Management? Emerging Banking Market Experience [J]. Journal of Financial Stablility, 2008(4): 135-148.

[147]Caprio G, Laeven L, Levine R. Governance and bank valuation [J]. Journal of Financial Intermediation, 2007, 16(4): 584-617.

[148]王光伟, 童元松. 我国商业银行不良贷款率的影响因素研究——基于2005-201年宏观季度数据的实证分析[J]. 武汉大学学报, 2014(03): 50-54.

[149]李美芳. 中国农业银行不良贷款率影响因素分析[D]. 哈尔滨: 东北农业大学, 2013: 45-49.

[150]汤倩. 我国商业银行不良贷款影响因素的实证研究[D]. 哈尔滨: 哈尔滨工业大学, 2017.

[151]喻微锋, 周黛. 互联网金融、商业银行规模与风险承担[J]. 云南财经大学学报, 2018(1): 59-69.

[152]陈欣. 信用风险度量与我国银行信用风险管理[J]. 纳税, 2018(16): 199.

[153]李想. 我国银行信用风险的影响因素研究[J]. 现代经济信息, 2017(15): 282-283.

[154]毛宏. 银行信用风险、资本监管与银行资产的风险控制[J]. 上海第二工业大学学报, 2013, 30(02): 107-110.

[155]田军, 张鋆, 王增茹, 等. 关于构建商业银行信贷资产风险监控预警体系的探讨[J]. 华北金融, 2012(12): 28-31.

[156]罗赞. 有效落实监管要求做好信用风险管理——以中东地区监管要求为例[J]. 中国城市金融, 2012(04): 45-47.

[157]陈其安, 黄悦悦, 高国婷. 基于信用风险和流动性风险的银行市场结构对银行市场均衡的影响模型[J]. 系统工程, 2011, 29(08): 26-32.

[158]孙宁华，刘杨. 中国银行信用风险度量研究[J]. 成都理工大学学报（社会科学版），2011，19(03)：17-24.

[159]庄涛. 浅析我国金融监管对银行信用风险的控制[J]. 市场论坛，2006(01)：69-70.

[160]翟金林，周强. 国际银行业信用风险监管分析[J]. 南开经济研究，2001(02)：7-12.

[161]Rost B. Basel Committee on Banking Supervision [J]. Brill Research Perspectives in International Banking & Securities Law, 2001, 89(1)：335-347.

[162]Goodhart C. The Basel Committee on Banking Supervision [J]. Brill Research Perspectives in International Banking & Securities Law, 2011, 89(1)：335-347.

[163]Arellano M, Bond S. Some Tests of Specification for Panel Data: Monte Carlo Evidence and an Application to Employment Equations [J]. Review of Economic Studies, 1991, 58(2)：277-297.

[164]Kaminsky G L, Reinhart C M. The Twin Crises: The Causes of Banking and Balance-Of-Payments Problems [J]. American Economic Review, 1999, 89(3)：473-500.

[165]Makri V. Towards an Investigation of Credit Risk Determinants in Eurozone Countries [J]. Journal of Accounting & Management Information Systems, 2016, 15.

[166]Kyriakos F. Credit Risk Determinants of Large Banks within the Eurozone Countries, Which Received a EU bailout; and the Effects of the 2008 Global Financial Crisis [J]. 2013.

[167]Berger A N, Deyoung R. Problem loans and cost efficiency in commercial banks [J]. Journal of Banking & Finance, 1997, 21(6)：849-870.

[168]Rossi S P S, Schwaiger M S, Winkler G. How loan portfolio diversification affects risk, efficiency and capitalization: A managerial behavior model for Austrian banks [J]. Journal of Banking & Finance, 2009, 33(12)：2218-2226.

[169]Bonin J P, Hasan I, Wachtel P. Bank performance, efficiency and ownership in transition countries [J]. Journal of Banking & Finance, 2005, 29(1)：31-53.

[170]Hasan I, Marton K. Development and efficiency of the banking sector in a transitional economy: Hungarian experience [J]. Journal of Banking & Finance, 2003, 27(12)：2249-2271.

[171]Bauer P W. Recent Developments in Econometric Estimation of Frontiers [J]. Journal of Econometrics, 1990, 46(1)：39-56.

[172]Foos D, Weber M, Norden L. Loan growth and riskiness of banks [J]. Journal of

Banking & Finance, 2010, 34(12): 2929-2940.

[173] Hakenes H, Schnabel I. Bank size and risk-taking under Basel II [J]. Journal of Banking & Finance, 2011, 35(6): 1436-1449.

[174] Tabak B M, Craveiro G L, Cajueiro D O. Bank Efficiency and Default in Brazil: Causality Tests [J]. Working Papers, 2011.

[175] Clarke G R G, Cull R, Shirley M M. Bank Privatization in Developing Countries: A Summary of Lessons and Findings [J]. Journal of Banking & Finance, 2005, 29(8-9): 1905-1930.

[176] Davis E P. Bank Credit Risk [J]. Bank of England Working Papers, 1993, 2(1): 1625-1627.

[177] Acharya V, Drechsler I, Schnabl P. A Pyrrhic Victory? Bank Bailouts and Sovereign Credit Risk [J]. Journal of Finance, 2014, 69(6): 2689-2739.

[178] Marcucci J, Quagliariello M. Asymmetric effects of the business cycle on bank credit risk [J]. Journal of Banking & Finance, 2009, 33(9): 1624-1635.

[179] Liao H H, Chen T K, Lu C W. Bank credit risk and structural credit models: Agency and information asymmetry perspectives [J]. Journal of Banking & Finance, 2009, 33(8): 1520-1530.

[180] Waemustafa W, Sukri S. Bank specific and macroeconomics dynamic determinants of credit risk in Islamic banks and conventional banks [J]. International Journal of Economics & Financial Issues, 2015, 5(2): 476-481.

[181] Forte S, Peña J I. Credit spreads: An empirical analysis on the informational content of stocks, bonds, and CDS [J]. Journal of Banking & Finance, 2009, 33(11): 2013-2025.

[182] Rodríguez-Moreno M, Peña J I. Systemic risk measures: the simpler the better? [J]. Journal of Banking & Finance, 2013, 37(6): 1817-1831.

[183] Tarashev N. Measuring portfolio credit risk correctly: Why parameter uncertainty matters [J]. Journal of Banking & Finance, 2010, 34(9): 2065-2076.

[184] Marcucci J, Quagliariello M. Credit Risk and Business Cycle Over Different Regimes [J]. Temi Di Discussione, 2008.

[185] Abedifar P, Molyneux P, Tarazi A. Risk in Islamic Banking [J]. Review of Finance, 2013, 17(6): 2035-2096.

[186] Imbierowicz B, Rauch C. The relationship between liquidity risk and credit risk in banks [J]. Journal of Banking & Finance, 2014, 40(1): 242-256.

[187] Nikomaram H, Taghavi M, Diman S K. The relationship between liquidity risk and credit risk in Islamic banking industry of Iran [J]. Management Science Letters, 2013, 3(4).

[188] Ejoh N, Okpa I, Inyang E. The Relationship and effect of Credit and Liquidity Risk on Bank Default Risk among Deposit Money Banks in Nigeria [J]. Research Journal of Finance & Accounting, 2014.

[189] Komarkova Z, Rusnak M, Hejlova H. The Relationship between Liquidity Risk and Credit Risk in The CNB's Liquidity Stress Tests [J]. Occasional Publications - Chapters in Edited Volumes, 2016.

[190] Diamond D W, Rajan R G. Liquidity Risk, Liquidity Creation, and Financial Fragility: A Theory of Banking [J]. Journal of Political Economy, 2001, 109(2): 287-327.

[191] Altman E I, Saunders A. Credit risk measurement: Developments over the last 20 years [J]. Journal of Banking & Finance, 1997, 21(11-12): 1721-1742.

[192] Vithessonthi C. Financial markets development and bank risk: Experience from Thailand during 1990-2012[J]. Journal of Multinational Financial Management, 2014, 27: 67-88.

[193] Nursechafia, Abduh M. The Susceptibility of Islamic Banks' Credit Risk Towards Macroeconomic Variables [J]. Journal of Islamic Finance, 2014, 3(1): 23-37.

[194] Beck R, Jakubik P, Piloiu A. Non-Performing Loans: What Matters in Addition to the Economic Cycle? [J]. Social Science Electronic Publishing, 2013.

[195] **Tanasković S, Jandrić** M. Macroeconomic and Institutional Determinants of Non-performing Loans [J]. Journal of Central Banking Theory & Practice, 2015, 4(1): 47-62.

[196] Espinoza R A, Prasad A. Nonperforming Loans in the GCC Banking System and Their Macroeconomic Effects [J]. IMF Working Papers, 2010, 10(224).

[197] Ozili P K. Non-Performing Loans and Financial Development: New Evidence [J]. Social Science Electronic Publishing, 2017